OPTIMISTE
Guide pratique pour voir la vie du bon côté

Infographie : Chantal Landry
Correction : Céline Vangheluwe

DISTRIBUTEURS EXCLUSIFS :

Pour le Canada et les États-Unis :
MESSAGERIES ADP*
2315, rue de la Province
Longueuil, Québec J4G 1G4
Téléphone : 450-640-1237
Télécopieur : 450-674-6237
Internet : www.messageries-adp.com
* filiale du Groupe Sogides inc.,
 filiale de Québecor Média inc.

Pour la France et les autres pays :
INTERFORUM editis
Immeuble Paryseine, 3, allée de la Seine
94854 Ivry CEDEX
Téléphone : 33 (0) 1 49 59 11 56/91
Télécopieur : 33 (0) 1 49 59 11 33
Service commandes France Métropolitaine
Téléphone : 33 (0) 2 38 32 71 00
Télécopieur : 33 (0) 2 38 32 71 28
Internet : www.interforum.fr
Service commandes Export – DOM-TOM
Télécopieur : 33 (0) 2 38 32 78 86
Internet : www.interforum.fr
Courriel : cdes-export@interforum.fr

Catalogage avant publication de Bibliothèque et Archives nationales du Québec et Bibliothèque et Archives Canada

Bormans, Leo

   Optimiste : le guide pratique pour voir la vie du bon côté

   Traduction de: Word optimist!
   Comprend des réf. bibliogr.

   ISBN 978-2-7619-3407-7

   1. Optimisme. 2. Psychologie positive. 3. Éducation et discipline mentales. 4. Réalisation de soi. I. Titre.

BF698.35.O57B6714 2013   158.1   C2012-942879-5

Pour la Suisse :
INTERFORUM editis SUISSE
Case postale 69 – CH 1701 Fribourg – Suisse
Téléphone : 41 (0) 26 460 80 60
Télécopieur : 41 (0) 26 460 80 68
Internet : www.interforumsuisse.ch
Courriel : office@interforumsuisse.ch
Distributeur : OLF S.A.
ZI. 3, Corminboeuf
Case postale 1061 – CH 1701 Fribourg – Suisse
Commandes :
Téléphone : 41 (0) 26 467 53 33
Télécopieur : 41 (0) 26 467 54 66
Internet : www.olf.ch
Courriel : information@olf.ch

Pour la Belgique et le Luxembourg :
INTERFORUM BENELUX S.A.
Fond Jean-Pâques, 6
B-1348 Louvain-La-Neuve
Téléphone : 32 (0) 10 42 03 20
Télécopieur : 32 (0) 10 41 20 24
Internet : www.interforum.be
Courriel : info@interforum.be

01-13

© 2011, Uitgeverij Lannoo nv.

Traduction française :
© 2013, Les Éditions de l'Homme,
division du Groupe Sogides inc.,
filiale de Québecor Média inc.
(Montréal, Québec)

Tous droits réservés

L'ouvrage original a été publié en néerlandais par Lannoo sous le titre Word optimist !
Negen toetsstenen voor een positief leven.
www.lannoo.com

Dépôt légal : 2013
Bibliothèque et Archives nationales du Québec

ISBN 978-2-7619-3407-7

Gouvernement du Québec – Programme de crédit d'impôt pour l'édition de livres – Gestion SODEC –
www.sodec.gouv.qc.ca

L'Éditeur bénéficie du soutien de la Société de développement des entreprises culturelles du Québec pour son programme d'édition.

 Conseil des Arts   Canada Council
du Canada   for the Arts

Nous remercions le Conseil des Arts du Canada de l'aide accordée à notre programme de publication.

Nous remercions le gouvernement du Canada de son soutien financier pour nos activités de traduction dans le cadre du Programme national de traduction pour l'édition du livre.

Nous reconnaissons l'aide financière du gouvernement du Canada par l'entremise du Fonds du livre du Canada pour nos activités d'édition.

Leo Bormans
OPTIMISTE
Guide pratique pour voir la vie du bon côté

BEACONSFIELD
Bibliothèque - Library
303 boul Beaconsfield,
Beaconsfield QC H9W 4A7

Traduit du néerlandais par
Normand Paiement

Une société de Québecor Média

En guise d'hommage à leur optimisme, je remercie tout spécialement mes parents, de même que Riet, Ine, Kasper, les membres de ma famille, mes amis, mes collègues, les chercheurs en psychologie positive et les nombreuses personnes qui ont partagé avec moi leurs inquiétudes et leur joie de vivre. Leur courage, leurs espoirs, leurs rêves et leur enthousiasme constituent pour moi une véritable source d'inspiration.

Le pessimiste se concentre sur ce qu'il est.
L'optimiste se concentre sur ce qu'il peut devenir.

Introduction

Neuf caractéristiques essentielles

On a parfois le sentiment que le pessimisme est une mauvaise chose et que seul l'optimisme est une bonne chose. Or, il s'agit là d'une fausse impression. En effet, le pessimisme joue un rôle défensif important chez de nombreuses personnes. C'est la conviction qu'elles ont que leurs projets risquent d'échouer qui leur permet justement de réaliser d'excellentes performances. Les messages positifs ne leur sont d'aucune utilité. Pour beaucoup de gens, il est même pénible de toujours se sentir obligés d'être heureux. Ça ne leur sert strictement à rien. Les personnes déprimées sont presque toujours pessimistes. *Le lien entre l'optimisme et le bonheur est tout aussi fort que celui entre l'usage du tabac et le cancer du poumon.* Tout comme les personnes qui fument finissent souvent par avoir le cancer du poumon, les personnes qui adoptent une attitude optimiste face à la vie jouissent d'un plus grand bonheur, d'une meilleure santé et d'une plus grande prospérité, comme le fondateur de la psychologie positive, Martin Seligman, l'a amplement démontré. Auteur du best-seller *Le bonheur authentique*, ce dernier est l'un des psychologues les plus influents d'Amérique. Je lui suis extrêmement reconnaissant, de même qu'à mes amis chercheurs en psychologie positive, de m'avoir fourni un éclairage utile débouchant sur des applications pratiques. L'optimisme n'est pas un médicament mais un mode de vie. Non seulement ceux qui réussissent à intégrer ce concept à leur vie de tous les jours sont plus heureux, mais souvent ils parviennent aussi à communiquer leur joie de vivre aux autres. Pourquoi n'en ferions-nous pas autant ?

Ce livre comporte neuf chapitres, qui s'articulent autour des neuf principaux traits qui caractérisent les personnes ayant une attitude positive, à savoir : *Ouverture, Positivisme, Transformation, Interaction, Motivation, Inspiration, Sourire, Travail* et *Engagement*. Les premières lettres de ces neuf caractéristiques forment le mot « OPTIMISTE ». Cet acrostiche devrait donc vous aider à mémoriser facilement l'idée fondamentale véhiculée ici. Il est à noter que le neuvième point vise à encourager le lecteur à s'engager d'urgence sur la voie de l'optimisme. Par conséquent, n'attendons pas davantage. *It's now or never. Do worry, be happy*[1].

Ce livre est le dernier volet d'une trilogie commencée avec *Happiness : Le grand livre du bonheur*[2], dans lequel cent experts issus de cinquante pays expriment de façon succincte leur sagesse et leur savoir relativement à la notion de bonheur. Poursuivant mes réflexions sur ce thème, j'ai par la suite écrit *Happiness : La petite boîte du bonheur*[3], qui contient 52 cartes comportant 104 précieux conseils destinés à rendre le lecteur plus heureux. À présent, nous allons combiner l'expertise scientifique et les conseils pratiques à des anecdotes susceptibles de nous inciter à passer à l'action… avec comme objectif de devenir optimistes ! Avec *Optimiste !*, vous disposez donc désormais du « Guide pratique pour voir la vie du bon côté ».

On ne peut obliger personne à être heureux. Et chacun a le droit d'éprouver du chagrin. Ce livre ne contient donc pas de longues listes de choses qu'il conviendrait de faire pour être prétendument heureux. Il nous enseigne plutôt, avec à l'appui des exemples stimulants tirés de la vie de tous les jours, des conseils pratiques et des histoires édifiantes, comment nous aussi nous pouvons adopter une attitude optimiste face à la vie. Cela ne veut pas dire que nous ne savons pas ce que nous devrions faire pour être heureux. *Nous ne mettons tout simplement pas nos connaissances en pratique.* Les optimistes jouissent d'une meilleure santé et vivent plus longtemps. Ils sont plus heureux et connaissent davantage de succès dans les sports, dans leurs études, en affaires, en politique et dans leurs relations avec les autres. Alors, qu'attendez-vous encore pour être optimiste ! ?

Leo Bormans

P.-S. – Ce livre étant un cahier d'exercices, sentez-vous libre d'écrire à l'intérieur. Surtout, gardez toujours un stylo et du papier à portée de main. Tout au long de votre lecture, vous rencontrerez une série de questions. Veuillez donner une réponse personnelle à chacune de ces questions. Si vous vous contentez de les lire sans prendre la peine d'y répondre par écrit, vous n'en tirerez aucun bénéfice.

À l'intention de cette femme

Elle attend que la salle se soit vidée. Les gens ont assisté à ma conférence intitulée « Le secret du bonheur ». Et la séance d'autographes vient de prendre fin. Elle a attendu jusqu'à ce que la dernière personne ait quitté les lieux. Elle invite même sa copine à s'en aller à présent. Elle veut me parler en privé. « Mon amie a dû me traîner jusqu'ici ce soir, me dit-elle. Je ne voulais carrément plus rien savoir du bonheur et de l'optimisme. Ma copine ignore à quel point ça va mal pour moi. Cette année, j'ai déjà fait quatre tentatives de suicide. Et ce n'est pas fini. » Elle vient d'acheter un livre et me demande si je veux bien le lui dé-dicacer. « Il suffit de mettre "première étape", fait-elle. J'ai trop vu de psys et j'ai trop entendu de bons conseils. Ça ne fonctionne tout simplement pas avec moi. Mais ce soir, je sens que je viens de franchir une première étape. Les choses me semblent plus claires tout à coup. Ce que vous dites est simple à comprendre. Je sais que je peux y arri-ver. » Elle me regarde d'un air cordial mais résolu. Puis elle quitte la salle. Je ne l'ai jamais revue, mais j'espère qu'elle lira aussi ce livre. Il est dédié à cette femme. À elle et à vous aussi, de même qu'à tous ceux qui veulent transfor-mer leurs rêves en objectifs à atteindre.

L'aventure de la vie

Jusqu'à tout récemment, on considérait l'optimisme comme quelque chose qui est tout juste digne des affiches vaporeuses qui ornent les chambres des jeunes filles ; mais depuis, il est devenu un objet de recherche scientifique à part entière. Non seulement en psychologie et en sociologie, mais également en économie et en neurobiologie. On ne considère plus cette notion avec mépris. Les revues spécialisées nous apportent régulièrement un éclairage nouveau à ce sujet. Signe que la science progresse rapidement dans ce domaine, on est parvenu depuis peu à localiser les zones associées à l'optimisme et à la dépression qui sont activées dans le cerveau.

Nous parcourons comme jamais auparavant des terres lointaines et prenons ainsi souvent de grands risques. Si nous n'étions pas optimistes quant à nos chances de succès, nous n'entreprendrions pas de telles expéditions. Ce sont notre optimisme et notre goût de l'aventure qui nous incitent à aller de l'avant. Dorénavant, toutefois, nous prenons une assurance voyage et nous emportons avec nous une trousse de secours, en cas de pépin. En fait, nous utilisons notre bon sens. *La plupart des gens sont beaucoup plus optimistes que nous le croyons.* Grâce au développement des communications, nous sommes davantage sensibilisés aux problèmes que constituent les catastrophes, les calamités, les guerres, la criminalité et le changement climatique. Cela nous rend peut-être plus pessimistes quant à l'avenir de notre société et de notre planète. Mais nous demeurons passablement optimistes en ce qui a trait à notre propre avenir. À cela s'ajoute le fait que notre cerveau nous joue des tours. Ainsi, chez les personnes en bonne santé, il met davantage l'accent sur les bonnes que sur les mauvaises nouvelles. Nous savons que le nombre des divorces est élevé, mais cela n'empêche pas pour autant les amoureux qui se marient d'estimer que leurs chances de rester unis pour la vie sont excellentes. Nous n'ignorons pas que les chiffres concernant le cancer et les accidents de la route sont élevés, mais nous considérons que la probabilité de devoir un jour faire personnellement face à une telle éventualité est faible. Dix pour cent des Américains pensent qu'ils vivront plus de cent ans. Même si la probabilité qu'ils se rendent effectivement jusque-là n'est que de 0,02 pour 100.

Les humains ont toujours pris des risques. Si nos ancêtres n'avaient jamais quitté les lieux qui leur étaient familiers et n'avaient jamais voyagé, nous vivrions encore dans des grottes et des cavernes. Ils devaient forcément être optimistes. En fait, nous avons certainement commencé à être optimistes dès l'instant où nous avons compris que nous devons tous mourir un jour. Cette prise de conscience du sort qui nous était réservé aurait tout aussi bien pu pousser nos ancêtres à tout abandonner. Compte tenu que la mort nous attendait, nous et nos proches, la vie valait-elle encore la peine d'être vécue ? À quoi bon mettre des enfants au monde, cultiver la terre ou acquérir des connaissances ? Et pourtant, nous n'avons pas baissé les bras. *Poussés par l'espoir et la curiosité, nous avons continué d'avancer.* Nous avons hérité de cette faculté siècle après siècle. C'est ainsi que nous avons sans cesse rêvé d'un avenir meilleur. Nos cerveaux ne sont pas seulement chargés d'histoire, comme de nombreux psychologues l'ont cru pendant longtemps, mais ils évoluent aussi continuellement en entretenant un rapport avec l'avenir. Dans la mesure où nous avons la possibilité de nous faire une image assez précise de notre avenir, nous nous distinguons nettement des animaux à cet égard. Ce sont de telles images qui guident nos actions. Elles nous permettent d'ériger des maisons, de construire des ponts et des tunnels, d'expérimenter différents systèmes d'enseignement, de faire de la planification énergétique et urbaine pour les prochaines décennies. Non seulement les optimistes économisent davantage, mais ils investissent aussi davantage dans la planification de l'avenir.

En mettant notre cerveau à nu, les scanners nous permettent de voir à quel endroit l'activité cérébrale est la plus intense et de quelle manière notre cerveau fonctionne lorsque nous pensons à l'avenir. Et de constater également qu'il existe des différences, selon que nous jetons sur l'avenir un regard rempli d'espoir ou de crainte. *La plupart des gens voient l'avenir d'un œil légèrement plus favorable qu'il ne le sera en réalité.* Avec le temps, nos prévisions et nos attentes finissent par s'ajuster à la réalité. Une jeune femme qui s'était retrouvée en fauteuil roulant m'a dit avoir compris, après avoir traversé une crise quelque temps, qu'elle avait vraiment tout pour être heureuse et qu'elle l'était désormais. La seule différence qu'elle voyait entre elle et les autres se résumait à ceci : « Je suis en fauteuil roulant. » Et elle parvenait très bien à s'en accommoder. Les personnes déprimées ont toutefois tendance à faire exactement le contraire. Elles envisagent l'avenir avec pessimisme et voient dans tout ce qui leur arrive une confirmation de leur vision négative des choses. Pour la simple raison qu'elles ont anticipé le pire.

Notre capacité à envisager l'avenir loge à la même enseigne – soit dans la même partie de notre cerveau – que nos compétences linguistiques et notre aptitude à nous fixer des objectifs. Il ne faut donc pas s'étonner si, lorsque nous parlons d'optimisme, cela concerne également notre vision de l'avenir, de même que le langage que nous utilisons et notre recherche de ce qui donne un sens à la vie.

Les optimistes sont des explorateurs que l'espoir et le goût de l'aventure poussent à aller de l'avant. Ceux-ci adoptent une attitude d'ouverture, mobilisent leurs énergies créatrices et sont disposés à opérer des changements en eux-mêmes. Ils évoluent grâce à leurs interactions avec les autres, sont motivés à donner un sens à leur vie et font en sorte d'inspirer les autres. Ils gardent le sourire et, lunette d'approche à la main, ils gardent un œil fixé sur des objectifs clairement définis. Cette description comporte les caractéristiques fondamentales suivantes : ouverture, positivisme, transformation, interaction, motivation, inspiration, sourire, travail et engagement personnel. Bon voyage !

Les optimistes sont des explorateurs.

> *« Les optimistes*
> *sont des personnes*
> *à l'esprit ouvert. »*

Optimiste
Ouverture

Personne n'aime se retrouver devant un écriteau portant la mention «fermé». Peu importe qu'il soit affiché devant un guichet, un parc d'attractions, un musée ou un restaurant, on est chaque fois profondément déçu. Car nous trouvons tout à fait normal que ces derniers soient «ouverts». Nous considérons qu'il devrait en être de même avec les gens. Nous attendons d'eux qu'ils soient à notre écoute et nous viennent en aide. Pourtant, de nombreuses personnes adoptent une attitude de fermeture à l'égard des autres. Elles nous regardent à peine et écoutent à peine ce que nous disons, trop centrées sur elles-mêmes et préoccupées qu'elles sont par leurs problèmes ou par la poursuite de leurs ambitions. Nous traitons les autres comme ils nous traitent. Nous gardons le silence dans l'ascenseur, l'autobus ou le métro. Nous nous contentons d'avoir des conversations superficielles et nous croisons les bras et les jambes de manière à signaler aux autres, y compris à travers notre langage corporel, quelles sont nos limites : *« La porte est fermée, vous ne pouvez pas entrer. »* Les écriteaux les plus vendus ne portent pas la mention « bienvenue » mais plutôt « défense d'entrer ». Un chien qui gronde peut par ailleurs contribuer à renforcer cette formule. Nous nous barricadons, au propre comme au figuré, derrière des clôtures toujours plus hautes et des systèmes d'alarme à la fine pointe du progrès.

L'ouverture se trouve dans cette série de qualités : fiable, intègre, franc, sincère, droit, juste et fidèle. Ensemble, elles constituent cette notion qu'on appelle « l'honnêteté ». Personne n'osera se vanter d'être parfaitement honnête et digne de confiance. Car si c'était le cas, une telle personne inspirerait-elle vraiment confiance ? Pourtant, il s'agit de qualités que nous admirons chez les autres et dont nous pouvons être fiers lorsque nous les possédons nous-mêmes, ou lorsque nos proches et nos amis les possèdent.

Les optimistes sont des personnes ouvertes. Ce sont des gens curieux et désireux d'apprendre et de faire la connaissance des autres, et ils sont également ouverts à de nouvelles expériences. Première étape : Comment devient-on quelqu'un d'ouvert ? Et comment parvient-on à éviter le piège dans lequel tombent les personnes qui font preuve d'un enthousiasme excessif et qui non seulement suscitent l'exaspération, mais qui, en toute lucidité, sont les artisans de leur propre malheur ? À quel moment une certaine dose de pessimisme est-elle utile ? Le meilleur moyen pour commencer consiste à faire un effort d'autoréflexion, mais qui est en mesure de regarder également derrière le miroir ?

Combien de personnes heureuses connaissez-vous ?

Permettez-moi de vous poser cette question : Combien de personnes heureuses connaissez-vous ? Répondez de façon concrète et sincère à cette question. Donnez-moi le nom d'une personne que vous connaissez et qui est heureuse. En avez-vous trouvé une ? Donnez-moi encore un nom. Puis un troisième. Souvent je demande, en conférence, qui connaît cinq personnes heureuses. En moyenne, 100 personnes sur 500, soit 20 pour 100, lèvent la main. Qu'en est-il de vous ?

Voici une deuxième question. Tout comme la première, elle m'a été transmise par Thomas d'Ansembourg, spécialiste de la question du bonheur. Ces questions sont simples, mais les réponses qu'elles suscitent sont criantes de vérité. « Combien de personnes connaissez-vous qui possèdent au moins une maison et deux voitures ? Si vous en connaissez cinq, levez la main. » Généralement, presque 100 p. 100 de l'auditoire lève la main. Vous en connaissez probablement aussi au moins cinq. Voilà, tout est dit. *Nous nous y connaissons nettement mieux en matière d'« avoir » qu'en matière d'« être ».* Même si nous aimerions manifestement qu'il en soit tout autrement.

Voici une dernière question : Combien de personnes connaissez-vous qui pratiquent un sport comme le tennis, le surf ou le ski, ou qui parlent une langue étrangère ? Cinq ? Remarquable ! Presque tout le monde en connaît au moins cinq. C'est une bonne nouvelle. En effet, personne ne vient au monde en sachant jouer au tennis, surfer, skier ou parler une deuxième langue. Ce sont des compétences qui s'acquièrent. Cela demande du temps, des efforts et de la patience. Mais, à force de s'exercer, on finit par s'améliorer. *Nous avons la capacité d'apprendre.*

Si seulement nous voulions utiliser cette faculté pour « être » plutôt que pour « avoir » désormais. C'est possible. Les gens (et nos cerveaux) changent en permanence. Par le biais de l'apprentissage et de la formation, on finit par obtenir ce qu'on veut vraiment. Lorsqu'on examine le cerveau des chauffeurs de taxi qui conduisent dans Londres depuis au moins dix ans, on constate que le volume de la partie de leur cerveau responsable de l'orientation spatiale a réellement augmenté. Sans doute un phénomène similaire se produit-il dans le cerveau des optimistes et des pessimistes. *What you focus on is what you get*[4].

La persévérance finit toujours par porter fruit.

À la suite d'une allocution destinée aux adolescents, un jeune de 17 ans vient me trouver en me disant : « Vous m'avez fourni la réponse à la question que beaucoup de gens me posent et qui me rend immanquablement nerveux. Ils n'arrêtent pas de me demander : "Qu'est-ce que tu veux devenir plus tard ?" Je sais maintenant ce que je vais leur répondre désormais : "Je veux être optimiste." Vous m'avez appris qu'il est possible d'acquérir cette habitude. »

Avant une conférence, je demande aux gens qui entrent dans la salle : « Comment évalueriez-vous en pourcentage votre degré d'optimisme ? » Nous inscrivons leur réponse sur un petit autocollant que nous fixons à leurs vêtements. La question en surprend plus d'un, mais tous finissent néanmoins par nous répondre. Or, leur conjoint ou leurs amis ont en général une meilleure opinion qu'eux-mêmes à ce sujet : « Mais non, tu es beaucoup plus optimiste que ça » ou « Tu as raison, tu es plutôt pessimiste ». Certains nous donnent une réponse semblable à celles des autres. Et c'est ce qui se produit dans la réalité : nous sommes à la recherche de personnes qui nous ressemblent. Beaucoup de gens préfèrent la compagnie des optimistes à celle des pessimistes. Très souvent, après une allocution, j'entends le commentaire suivant : « Mon conjoint/ mon collègue/tel membre de ma famille aurait dû être là. C'est un vrai pessimiste, mais il refuse de sortir et de voir ou de croire qu'il peut en être autrement. » En tout état de cause, la plupart des gens quittent la salle avec le sourire en disant que leur degré d'optimisme s'est accru d'au moins 10 pour 100. À partir de là, le virus se répand…

Notre pessimisme et notre optimisme sont en partie conditionnés par les divers milieux sociaux dans lesquels nous évoluons, et qui sont constitués de notre famille, de nos voisins, de nos collègues et, par conséquent, de nos compagnons de route dans la vie. *Nous nous influençons mutuellement.* Les gens qui réussissent à s'entourer de personnes optimistes sont eux-mêmes plus radieux et rayonnent à leur tour. Il ne s'agit pas de cet optimisme irréaliste et béat qui consiste à tomber en pâmoison devant un champ de tournesols ou un coucher de soleil. Il s'agit plutôt de répondre à l'éternelle question de savoir si le verre est à moitié plein ou à moitié vide. Il est à moitié plein à partir du moment où nous en décidons ainsi.

J'ai rendez-vous avec une journaliste à la gare centrale d'Amsterdam. Elle est aussi psychologue et veut faire une entrevue avec moi au sujet de mon ouvrage *Happiness : Le grand livre du bonheur*. Au début, elle se montre distante et critique à mon égard. Je devine ses pensées : « Encore un autre livre sur le bonheur. » Au bout d'une demi-heure, elle me dit : « Je dois vous avouer que j'étais très cynique quand je suis arrivée. Je n'avais pas l'intention de me laisser embobiner par de beaux discours d'encouragement. Mais votre façon de vous exprimer et les exemples que vous donnez me touchent beaucoup. Je dois combattre mon propre cynisme et celui de mes lecteurs. J'espère que je vais y arriver. » Nous engageons alors une conversation en profondeur qui dure plus de trois heures. Au moment de nous quitter, la journaliste me lance : « À présent, je vais me commander un verre de vin et rester ici encore une heure. Je suis optimiste maintenant. » Il en est résulté un superbe article fort réaliste portant sur la fragilité de l'optimisme.

Au cours de l'émission « 21 façons d'être heureux[5] », j'ai eu le loisir de commenter, en compagnie de deux « spécialistes » néerlandais de la question du bonheur, les conseils qui étaient donnés aux téléspectateurs. À la fin de l'émission, j'ai également disposé de vingt-cinq secondes au cours desquelles j'ai pu proposer à ces derniers un ultime conseil. Celui-ci a été largement plébiscité par 46 pour 100 des participants à un panel en ligne. Qu'ai-je affirmé durant ces vingt-cinq secondes ? « Il est scientifiquement prouvé que le lien entre l'optimisme et le bonheur est tout aussi fort que celui entre l'usage du tabac et le cancer du poumon. Les personnes qui fument finissent souvent par avoir le cancer du poumon. Les personnes qui adoptent une attitude optimiste face à la vie sont plus heureuses. Or, les gens heureux jouissent d'une meilleure santé et connaissent davantage de succès dans leurs études, dans les sports, en affaires, en politique et dans leurs relations avec les autres. Alors, qu'attendez-vous encore pour être optimistes !? »

Après l'enregistrement de l'émission, un homme s'est approché de moi. « Merci, m'a-t-il dit. Vous m'avez convaincu. Je suis optimiste désormais. Mais comment faites-vous pour y arriver ? » J'espère qu'il trouvera la réponse dans ce livre.

Suis-je quelqu'un d'optimiste ?

Lorsqu'on tape « *How to become an optimist*[6] » sur le moteur de recherche Google, on obtient aussitôt plus de 2 500 000 résultats. Personne ne pourra jamais consulter tous ces sites. Pourtant, je constate que ce chiffre représente à peine plus de 3 pour 100 du nombre de résultats obtenus lorsqu'on tape « *How to become rich*[7] », à savoir 66 000 000. Voilà qui montre bien où se situent les priorités de chacun. Mais peut-être n'avez-vous jamais songé à lire un guide pratique sur la meilleure manière de s'enrichir. Le fait que vous lisiez un livre sur l'optimisme constitue une étape importante de votre cheminement. Peut-être êtes-vous déjà quelqu'un d'optimiste et souhaitez-vous avoir une meilleure compréhension de vous-même afin d'accroître ainsi votre degré d'optimisme. Peut-être n'avez-vous jamais songé à devenir optimiste et souhaitez-vous utiliser les connaissances dispensées ici dans le cadre de vos relations ou de votre profession. Peut-être êtes-vous un pessimiste désireux de mieux connaître l'envers de la médaille. Peut-être êtes-vous par ailleurs un pessimiste désireux d'en savoir plus sur les avantages que procure un mode de vie plus optimiste. Ce livre sera plus rebutant pour cette dernière catégorie de lecteurs. Si vous faites partie de ce groupe, vous ne manquerez pas de mettre certaines de mes affirmations en doute et d'éprouver de la réticence à leur égard. Mais il n'y a aucun mal à cela.

La première des questions qui suivent concerne votre manière de voir les choses. Êtes-vous optimiste ou pessimiste ? Il existe une infinité de tests psychologiques compliqués. Mais trois questions simples suffiront pour vous permettre de vérifier rapidement si vous êtes quelqu'un d'optimiste ou de pessimiste (ou si les autres le sont). Il s'agit ici de voir comment vous réagissez à des événements agréables et désagréables.

> **Vous assistez à une soirée que vous trouvez très divertissante. Voici trois questions à ce sujet. Quelles pensées vous viennent à l'esprit en les lisant ? Répondez honnêtement.**
>
> **1**
> a. C'est bien que j'aie décidé de venir à cette fête.
> b. C'est bien qu'on m'ait invité à cette fête.
>
> **2**
> a. La fête est presque terminée. Demain, je dois retourner au boulot.
> b. À quand la prochaine fête du genre ?
>
> **3**
> a. Si seulement la vie pouvait être aussi amusante que cette fête.
> b. Les effets de cette fête se font encore sentir en moi.

Les optimistes répondent « a » à la première question et « b » aux deux autres. Les pessimistes répondent exactement le contraire. Nous touchons là d'emblée au cœur du problème. Tous deux assistent à la ces dernières sous un angle favorable à l'aide de l'un ou l'autre de ces trois énoncés :

- « Ces critiques en disent plus long sur mon patron que sur moi. Peut-être a-t-il simplement mal compris mes intentions. » (*other*)
- « Il y a d'autres choses que je fais bien et qui sont appréciées. » (*partly*)
- « Dans quelque temps, tout ira bien de nouveau. Mon patron va bientôt se rendre compte de ma valeur au sein de l'entreprise. » (*temporary*)

En pareille situation, les pessimistes font exactement le contraire. Nous pouvons résumer leur attitude à l'aide du sigle PES (*personal, everything, strategic*[9])

- « Je suis nul. » (*personal*)
- « J'ai perdu toute crédibilité à présent. » (*everything*)
- « C'est une erreur stratégique à ne pas répéter. » (*strategic*)

En recourant à ces différentes approches, les optimistes abandonnent moins rapidement ou corrigent le tir plus facilement à mi-parcours. Les pessimistes, eux, considèrent plus facilement un revers comme un échec personnel et y voient la preuve qu'il est inutile pour eux de persévérer.

Nous ne voyons pas les choses et les gens tels qu'ils sont, mais tels que nous sommes. Par conséquent, il n'est pas nécessaire de tenter de les changer. Nous devons plutôt nous changer nous-mêmes. Arrêtez de vouloir changer votre conjoint, vos collègues ou les membres de votre famille. Vous passez souvent toute votre vie à essayer, mais ça ne fonctionne jamais. *La seule personne que vous pouvez changer, c'est vous-même.*

> *Nous ne voyons pas les choses et les gens tels qu'ils sont, mais tels que nous sommes.*

Quiconque souhaite adopter un mode de vie optimiste ferait mieux de commencer par apprendre ces principes de base. Si un événement favorable survient dans votre vie, rappelez-vous le rôle que vous avez joué dans son avènement. Décrivez-le. Si vous obtenez de bons résultats à un examen, cela ne dépend pas seulement du hasard et du type de questions posées, mais aussi de votre intelligence, de votre acharnement et de votre persévérance. Il n'y a rien de prétentieux à faire une telle constatation. Évidemment, il s'agit là d'un piège tendu en permanence, tout comme celui qui consiste à se surestimer ou à avoir une confiance aveugle en soi. Bien sûr, vous ne pouvez et ne devez pas toujours blâmer les autres chaque fois que survient un événement négatif, ni ajouter une plume à votre chapeau chaque fois que se présente un événement positif. Il s'agit ici simplement de constater qu'il existe deux façons différentes de considérer un même événement. Et qu'il vous appartient de décider quelle interprétation vous voulez lui donner. Vous pouvez apprendre et chercher à étendre et à élargir dans le temps et dans l'espace les bienfaits ressentis. Entourez-vous d'un rempart destiné à vous protéger des événements négatifs et essayez de considérer ces derniers comme des faits isolés qui n'ont que peu d'incidence, sinon aucune, sur votre avenir ou sur les autres domaines de votre vie.

Il n'y a rien de mal à vouloir accroître l'importance de ses succès et minimiser ses échecs. C'est l'attitude de base qui convient lorsqu'on adopte un mode de vie optimiste. En conséquence, examinez vos défauts en toute honnêteté et efforcez-vous de les éliminer, mais concentrez-vous surtout sur vos points forts, sur vos compétences et sur les occasions qui se présentent à vous. Vous ne transformerez pas votre vie d'un seul coup, mais vous pouvez du moins apprendre à cultiver des pensées positives. Si, par suite d'une erreur, vous subissez un échec, vous pouvez toujours considérer qu'il s'agit là d'une occasion d'apprendre et d'une étape parfois nécessaire vers le succès.

L'optimisme est en grande partie déterminé génétiquement. S'appuyant sur des études menées auprès de jumeaux, certains chercheurs vont même jusqu'à affirmer que cette attitude est innée à près de 50 pour 100. Elle serait déterminée à 10 pour 100 par les «circonstances» (votre travail, votre maison, votre compte en banque…). Ce qui vous laisse environ 40 pour 100 de possibilité d'intervention personnelle. Vous ne pouvez pas tout changer, mais vous pouvez modifier énormément de choses. Vous avez toujours le choix de la manière dont vous voyez les choses et des activités que vous décidez d'entreprendre. Cela débute par un coup d'œil dans le miroir et par l'emploi de méthodes faisant appel à des tests continus et à l'autoréflexion permanente, dans le but de prendre conscience de vos propres réactions et de vos propres pensées. Ensuite, vous pouvez commencer prudemment à changer vos habitudes de pensée. Si tel est votre souhait.

Être optimiste, c'est quelque chose qui s'apprend

Jusqu'à tout récemment, nous tenions pour acquis que l'optimisme était un trait de caractère. On ne pouvait pas y changer grand-chose. Cette idée est désormais dépassée, car elle est inexacte d'un point de vue scientifique. James Maddux, de l'Université George-Mason, l'a récemment démontré dans la revue *Psychological Science* (2010). Il en est venu à la conclusion que l'optimisme est quelque chose qu'on peut apprendre. Oui, mais comment?

Réinterprétez vos échecs
Ce qui, au départ, semblait être une catastrophe ou un malheur peut également ouvrir la porte à de nouvelles possibilités. Inscrivez ce qui vous arrive dans un nouveau cadre.

Prenez votre vie en main
Trouvez le juste équilibre entre accepter d'assumer votre responsabilité dans certaines circonstances défavorables et prendre des mesures pour remédier à la situation. Acceptez le fait que vous n'êtes pas en mesure de tout maîtriser, mais ne baissez pas les bras pour autant.

Soyez attentif à ce qui vous procure des sensations agréables
Soyez à l'affût de ce qui suscite en vous des émotions agréables. Les nuages ? La couleur jaune ? Une fête chez vos voisins ? Vos amis ? Votre liberté ? Conservez cette sensation en vous et évoquez-la lorsque vous vous sentez déprimé.

Entamez une conversation agréable
Discuter en permanence de la pluie et du beau temps facilite peut-être les contacts sociaux, mais ne contribue pas à rendre quelqu'un plus heureux. Les couples qui divorcent se disputent souvent au sujet de choses qu'ils ont vues à la télé ou pour savoir qui ira faire les courses ; ils sont incapables d'avoir d'autres sujets de conversation. Vous ne pouvez évidemment pas vous lancer dans une discussion philosophique n'importe où et avec n'importe qui, mais, si vous parvenez à l'occasion à engager une conversation en profondeur avec des amis ou des membres de votre famille, vous alimenterez ainsi votre confiance en autrui, de même que votre optimisme.

Considérez votre verre comme à moitié plein
Il s'agit d'une image familière, mais ça fonctionne. Ne focalisez pas votre attention sur la moitié vide du verre, mais considérez votre vie comme à moitié pleine : concentrez-vous sur les faits et sur ce qui vous procure de la satisfaction. Fixez-vous ensuite des objectifs réalistes qui vous donneront envie de remplir le reste du verre au moyen d'activités intéressantes.

Souvent, notre cerveau n'a pas l'habitude de faire une place à nos vrais désirs et à nos rêves. Nous entretenons essentiellement des pensées négatives à notre sujet. Nous connaissons généralement bien nos faiblesses, mais nous n'exploitons pas toujours très bien les capacités et les connaissances qui sont les nôtres. Nous allons dorénavant rétablir l'équilibre en faveur des forces constructives.

Un petit truc pour vous aider ? Placez deux tasses dans un endroit bien en vue. Remplissez-en une de pièces de monnaie. Chaque fois que vous avez une pensée négative, transférez une des pièces dans la tasse vide. Combien en comptez-vous à la fin de la journée ? Faites cela pendant quatre semaines, en aspirant à ce que la tasse contenant vos pensées négatives soit bientôt aussi vide que possible. En vous concentrant ainsi sur la manière dont s'orientent vos pensées (positivement ou négativement), vous vous rapprocherez de votre objectif. Peu à peu, vous oserez exprimer vos désirs et réaliser vos rêves.

Le Dr Russ, psychologue américain, a identifié 11 techniques permettant de devenir « compétent en termes d'optimisme[10] », c'est-à-dire d'acquérir la capacité d'être optimiste. Combien d'entre elles réussirez-vous à maîtriser ?

1. Voyez les aspects positifs de chaque situation.
2. Considérez les échecs et les revers comme des occasions d'apprendre.
3. Sachez faire la distinction entre ce que vous êtes en mesure de maîtriser et ce sur quoi vous n'avez aucun pouvoir.
4. Faites appel à votre créativité pour résoudre les problèmes.
5. Ne perdez jamais de vue qu'il y a un risque d'échec associé à toute entreprise et à tout objectif qui présentent un défi.
6. Anticipez les obstacles et adoptez les mesures préventives nécessaires.

❼ Modifiez vos plans et vos attentes en fonction des succès que vous remportez ou des revers que vous essuyez.

❽ Demeurez constamment à l'affût d'occasions nouvelles et prometteuses.

❾ Recherchez aide et inspiration auprès des autres.

❿ Concentrez-vous sur la marche à suivre et sur les prochaines étapes vers la réalisation de vos objectifs.

⓫ Demeurez conscient de vos pensées (positives et négatives).

Il vaut la peine de choisir parmi cette liste trois points sur lesquels vous vous pencherez attentivement au cours du mois qui vient. Demandez aux membres de votre famille ou à vos collègues d'en faire autant. Soutenez-vous et aidez-vous mutuellement. Si vous occupez un poste de dirigeant ou de conseiller, créez un climat visant à permettre à vos collaborateurs d'examiner ces points en profondeur.

La psychologie positive

S'agissant d'optimisme et de bonheur, il n'est désormais plus question de croyance, mais de connaissance et de science. Le Dr Martin Seligman a démontré que les gens ne souhaitent pas seulement se débarrasser de leurs maladies et de leurs faiblesses. Ils veulent être heureux. Et l'optimisme constitue le meilleur moyen d'y parvenir. La recherche en psychologie positive porte sur trois champs d'études: les émotions positives, les qualités positives et les attitudes mentales positives. Les chercheurs s'efforcent de découvrir comment inciter les gens à devenir plus optimistes et plus heureux, et à mobiliser leurs énergies de manière à optimiser l'efficacité et le rendement des organisations, des

> environnements et des contextes humains. C'est ainsi qu'ils ont découvert ces trois composantes du bonheur :
>
> - **une vie agréable** (satisfaction, réjouissance, plaisir) ;
> - **une vie engagée** (liens étroits avec les autres et avec ses propres occupations, et engagement personnel à cet égard) ;
> - **une vie utile** (compétences mises au service d'une cause plus grande que soi).
>
> Il est relativement facile d'agir sur le premier point, mais le résultat est souvent superficiel et passager. Les deux autres points nous rapprochent du vrai bonheur.

Et pourquoi devrais-je être optimiste ?

Personne ne peut vous obliger à devenir ou à être optimiste. Mais le fait d'être optimiste vous permet, à vous et à votre entourage, de jouir d'une qualité de vie nettement supérieure. Il ne s'agit plus simplement d'un vague espoir. La chose est maintenant rigoureusement et scientifiquement prouvée. Jusqu'à il y a quelques décennies à peine, les chercheurs américains ne disposaient d'aucun budget pour approfondir la question de savoir ce qui rend les gens heureux. L'accent était mis sur ce qui les rendait malades. Mais le contraire de « malade » est « pas malade ». Ce n'est pas la même chose que « en bonne santé ». Le contraire de « mauvais » est « pas mauvais », ce qui n'est pas la même chose que « bon ». Le contraire de « malheureux » est « pas malheureux », ce qui ne signifie pas du tout la même chose que « heureux ». La psychologie positive nous a ouvert les yeux sur la force qui existe en nous et sur ce qui nous rend heureux, nous et notre entourage. Il ne s'agit pas là d'une philosophie détachée de la réalité ou de rêveries superficielles, mais d'une sagesse, d'une connaissance et d'une compréhension des choses fondées sur des recherches scientifiques en psychologie, en sociologie et en économie. *Ce n'est pas une question de croire mais de savoir.*

Mais que savons-nous au juste ? Qu'une bonne partie de ce qu'affirmaient nos grands-mères était vrai. Mais qu'il existe également des différences importantes entre la sagesse populaire des anciens et ce qui est aujourd'hui scientifiquement prouvé. Ainsi, on n'a découvert nulle part que la souffrance pouvait jouer un rôle positif. On nous a répété jadis qu'il fallait souffrir pour gagner son ciel. Qu'il fallait se traîner à genoux jusqu'à Saint-Jacques-de-Compostelle[11] pour trouver le bonheur. *No pain, no gain*[12]. Or, ce n'est pas vrai. Il n'existe aucun lien entre la souffrance et le bonheur. *Et le bonheur n'est pas un papillon qui vient un jour se poser par hasard sur votre épaule.* On nous a aussi souvent répété jadis qu'on ne doit pas rechercher le bonheur. On nous a même répété que ceux qui cherchent délibérément à être heureux finissent par être frappés par le malheur. Tout ça est faux. Le bonheur ne tombe pas du ciel. Vous pouvez et devez rechercher sciemment votre propre bonheur et celui des autres. Nous ne nous en porterons tous que mieux.

Il n'est pas nécessaire de souffrir pour être heureux.

« L'important, c'est d'être en bonne santé », répondent de nombreuses personnes lorsqu'on les interroge au sujet du bonheur. Or, ce raisonnement n'est pas tout à fait exact. Il existe certes un lien entre le bonheur et la santé, mais il se produit exactement le phénomène inverse de ce que nous avons cru jusqu'ici. Les gens en bonne santé ne sont pas plus heureux ; au contraire, ce sont les gens heureux et optimistes qui jouissent d'une meilleure santé. De nombreuses études scientifiques viennent actuellement étayer ce point de vue. Des personnes dont on avait évalué le degré d'optimisme ou de pessimisme, lorsqu'elles étaient âgées de 25 ans, ont présenté des différences significatives, en termes de santé, une fois qu'elles avaient atteint l'âge de 45 et de 60 ans. Une autre enquête a révélé que des religieuses qui avaient décidé d'entrer au couvent pour des raisons positives ont vécu sensiblement plus longtemps que celles qui l'avaient fait pour des raisons négatives. Les nonnes constituent sur ce plan un groupe témoin intéressant dans la mesure où leur vie se déroule de façon très similaire. (Elles n'ont ni conjoint ni enfants, et leur mode d'alimentation, leur rythme et leur style de vie sont semblables.) Où qu'ils soient, les optimistes guérissent plus vite et vivent plus longtemps.

On a mené des expériences auprès de nageurs à qui on a fait croire que leurs résultats étaient pires qu'ils ne l'étaient en réalité. Il s'en est suivi que les résultats des plus pessimistes d'entre eux ont empiré. On n'a noté aucune différence chez les plus optimistes. Du fait qu'elles créent une synergie positive, les équipes sportives au sein desquelles l'optimisme règne obtiennent immanquablement de meilleurs résultats que les équipes en proie au pessimisme. Quiconque veut connaître le succès a donc intérêt à adopter un mode de vie optimiste. Cela vaut pour les sports, les affaires, la politique et les études. Dans tous les domaines, les optimistes font preuve d'une plus grande persévérance.

Les optimistes sont beaucoup moins sujets aux dépressions que les pessimistes. Le fait de s'habituer à jeter un regard optimiste sur la vie (notamment en réinterprétant ses pensées) aide également beaucoup à se rétablir. L'optimisme produit plus d'effet que les médicaments. Il favorise une meilleure santé mentale et émotionnelle. Il contribue également à réduire le stress. Les optimistes croient en leurs capacités et s'attendent toujours à ce qu'il y a de meilleur. Ils parviennent à considérer les expériences désagréables comme des événements passagers susceptibles de survenir. Cette attitude leur permet aussi de mener une vie plus agréable, plus intrépide, plus passionnante et plus décontractée. Qu'attendez-vous pour en faire autant ?

Excès d'optimisme

Les optimistes sont des gens remplis d'espoir qui expriment leur confiance dans l'avenir ainsi que dans le succès de leurs entreprises. Toutefois, il leur arrive aussi d'exagérer. Souvent, les gens ont tendance à surestimer leurs propres compétences. Quatre-vingts pour cent des automobilistes considèrent qu'ils sont «meilleurs que la moyenne des conducteurs». Lorsqu'on demande, au moment de la rentrée, à une classe remplie d'élèves quels sont ceux qui s'attendent à réussir leur année scolaire, on obtient, là également, environ 80 pour 100 de réponses positives. En réalité, probablement à peine la moitié d'entre eux réussiront. À peu près 30 pour 100 verront leurs espoirs déçus. Personne ne veut toutefois se classer au-dessous de la moyenne. *Nous considérons presque tous que nous sommes plus intelligents, plus serviables et plus drôles que la moyenne des gens.* Ce n'est bien sûr pas le cas. Environ la moitié se situe sous la moyenne, sinon il n'y aurait pas de moyenne. Pratiquement tous les nouveaux mariés sont convaincus que les statistiques concernant le divorce ne s'appliquent pas à eux. Nous avons tendance à sous-estimer la probabilité d'avoir un accident ou de souffrir d'un cancer. Même si nous savons qu'une personne sur trois développe un cancer. Ceux qui refusent de voir la réalité en face courent pour ainsi dire tout droit à la catastrophe. Il ne s'agit pas là d'optimisme. Cela signifie simplement que nous avons à tout moment le choix d'interpréter la réalité comme nous le voulons. Ceux qui le font en ayant une attitude optimiste ont simplement plus de chances de connaître le succès et de parvenir au bonheur. Quoi qu'il advienne.

Pessimisme salutaire

« L'idée qu'il faut toujours être optimiste me rend malade. Je trouve justement utile d'adopter une attitude quelque peu pessimiste face à l'avenir. » Environ 30 pour 100 des gens se reconnaîtront probablement dans cette affirmation. C'est du moins ce que soutient Julie K. Norem dans son essai controversé *The Positive Power of Negative Thinking*[13] (2002).

Les pessimistes défensifs se posent souvent la question : « Et si… ? » « Et si je ne trouve pas de place de stationnement ? Et si le magasin est fermé ? Et si je me fais voler ? » Cette stratégie permet à certains de se préparer adéquatement au pire. Elle constitue pour eux le moyen le plus efficace de calmer leur angoisse. Ils obtiennent carrément de moins bons résultats lorsqu'ils se sentent obligés de penser positivement. Ils diffèrent des archi-pessimistes qui, eux, voient du négatif, de la décadence et du danger partout. Du fait de leurs faibles attentes, ils se préparent tout bonnement à identifier et à évaluer avec précision ce qui pourrait aller de travers. Une fois la liste des problèmes potentiels établie, ils essaient d'envisager comment les éviter et les affronter. Cela leur permet de prendre les commandes de leur vie. « Nous devons nous éloigner de l'image simplifiée selon laquelle l'optimisme correspond à tout ce qui est bon et le pessimisme à tout ce qui est mauvais », souligne Julie Norem. *Le pessimisme défensif aide certaines personnes à mieux atteindre leurs objectifs,* alors que d'autres y parviennent en entretenant des pensées positives. Nous devons tous faire en sorte que nos peurs n'entravent pas nos actions et ne nous empêchent pas d'obtenir de bons résultats. La peur engendre une vision étriquée et dangereuse des choses. Les pessimistes défensifs utilisent leurs attentes négatives pour faire une planification efficace avant de passer à l'action. Ce que les pessimistes endurcis parviennent rarement à faire. Ces derniers s'efforcent d'éviter toute forme de planification et d'action en fuyant les personnes et les situations susceptibles de provoquer chez eux de l'anxiété. Parfois, ils se mettent tellement de bâtons dans les roues que leurs démarches échouent inévitablement. Leurs mauvais pressentiments s'en trouvent ainsi confirmés à chaque fois. Par ailleurs, les pessimistes défensifs n'estiment pas qu'il est prioritaire pour eux de se débarrasser de leurs sentiments négatifs ; ils se contentent de leur permettre de les aider à atteindre leurs objectifs. De même que les gens sont différents, leurs stratégies diffèrent aussi. Cette idée n'est pas du tout en contradiction avec la psychologie positive. Dans certaines circonstances, recourir à la pensée négative ne constitue pas un désaveu de la pensée positive. « Les choses sont peut-être parfois plus difficiles pour les pessimistes défensifs que pour les optimistes stratégiques, mais nous ne devrions certainement pas essayer de les changer ou de les soigner. Il ne s'agit pas d'une maladie, mais simplement d'une autre façon de faire face à l'anxiété », explique Julie Norem.

Dans *The Journal of Research in Personality* (2008), cette dernière fait état d'une expérience qu'elle a menée auprès de pessimistes défensifs. Elle les a répartis en deux groupes à qui elle a demandé d'écouter respectivement de la musique entraînante et de la musique ennuyeuse. Les membres du premier groupe furent certes les plus enchantés de cette expérience, mais, lorsqu'elle les invita par la suite à résoudre des problèmes de mathématiques, ils obtinrent de moins bons résultats que ceux qui avaient écouté de la musique déprimante. Elle en conclut qu'il est préférable de ne pas tenter de convaincre à tout prix les pessimistes défensifs d'être heureux et de s'attendre à des résultats positifs. Ils n'en seront ni mieux portants ni plus performants. Au contraire.

Certaines formes de pessimisme comportent des avantages indéniables. Quelqu'un qui s'attend au pire peut adapter sa stratégie en conséquence. Ce n'est pas la même chose que d'anticiper un échec. Les pessimistes se font du souci et il n'y a rien de mal à cela. Il existe une différence énorme entre les pessimistes qui s'inquiètent de ce qui pourrait mal tourner et qui agissent en conséquence, et les pessimistes paralysés par la peur qui, sous prétexte que tout va toujours mal, négligent de passer à l'action et finissent invariablement par se condamner à l'immobilité ou par se replier dans l'indifférence. Les membres de ce dernier groupe sont atteints d'une forme de pessimisme qui les laisse sans espoir et les conduit tout droit à la dépression. Le pessimisme défensif n'engendre pas un tel désespoir. Au contraire : il nous en protège en nous poussant à chercher des issues et des solutions et à agir tout en tournant nos regards vers l'avenir, et ce, malgré nos inquiétudes et nos peurs. Les optimistes et les pessimistes fonctionnels sont habituellement à l'affût de ce qui est susceptible de marcher le mieux pour eux dans des situations précises.

Les pessimistes se font du souci et il n'y a rien de mal à cela.

Nous voilà ainsi libérés de l'obligation de siffloter tous les jours de notre vie. *Il ne faut surtout pas que des bouquins traitant d'optimisme rendent les gens dépressifs !* Ces petits guides sont simplement là pour suggérer une façon de voir les choses et prodiguer de nombreux conseils, mais ces derniers ne sont pas forcément applicables à tout le monde et dans tous les cas. La pression de toujours devoir penser positivement est peut-être pire que de vivre aux côtés de quelqu'un de pessimiste. Quiconque se lance dans une entreprise ou dans un projet de grande envergure a certes besoin d'une formidable dose d'optimisme au moment de démarrer. S'il n'est pas convaincu de pouvoir réussir, il n'y arrivera probablement pas. Mais, pendant qu'il caresse ses rêves, il peut être tout aussi utile pour lui de donner libre cours à son pessimisme en vue d'adopter une approche réaliste.

Ce qui se passe dans notre cerveau

Des chercheurs tels que Tali Sharot, de l'University College de Londres, sont récemment parvenus à localiser les zones du cerveau qui sont les plus actives chez les optimistes. Celles-ci sont stimulées lorsque nous imaginons des événements futurs agréables. Il s'agit précisément des zones qui sont les moins actives chez les pessimistes. Il semble que les mêmes mécanismes neuronaux soient associés à l'optimisme et à la dépression. Les personnes normales et en bonne santé ont l'habitude de considérer les choses avec optimisme. Elles surestiment leurs chances de connaître des expériences agréables et sous-estiment les probabilités que les choses tournent mal. Les personnes dépressives font exactement le contraire : elles ont tendance à amplifier les effets négatifs et à atténuer les incidences positives des événements. Les chercheurs ont constaté que les personnes déprimées sont toujours pessimistes. De toute manière, elles trouvent difficile d'imaginer les événements futurs, chose que les optimistes parviennent généralement à prévoir dans le détail. Nous évoquons habituellement nos souvenirs du passé en vue de nous faire une idée de l'avenir. La plupart des gens arrivent à envisager l'avenir de manière positive, mais il existe de nettes différences entre l'activité cérébrale des optimistes et celle des pessimistes. Nous ignorons toujours si ces différences sont à l'origine des dépressions ou si ce sont les dépressions qui sont à l'origine de telles différences. Optimisme et pessimisme semblent être dans une large mesure (pour moitié ?) déterminés génétiquement. Notre environnement, nos expériences personnelles et les choix que nous effectuons tout au long de notre vie viennent compléter le reste.

Des vacances de rêve

J'attends patiemment ma valise à l'aéroport. La tapis roulant avance lentement. Je décide de concentrer mon attention sur les yeux des passagers qui, après avoir passé des vacances de rêve, observent à présent fixement le carrousel à bagages. Le spectacle de désolation qui s'offre à mon regard est franchement affligeant. Tristesse et découragement se lisent sur les visages. On se croirait en plein cœur du boulevard des Rêves brisés[14] ! Tous ces gens-là reviennent-ils vraiment de vacances ? Le premier qui réussit enfin à récupérer sa valise passe ensuite par le dernier contrôle douanier après l'avoir traînée tout le long du chemin douloureux des opprimés. C'est alors que quelque chose de très étrange se produit. Encore quelques pas le séparent des portes en verre derrière lesquelles l'attend le comité d'accueil composé de personnes restées au pays. Soudain, un sourire apparaît sur le visage du voyageur déprimé. Il se redresse, place sur sa tête un chapeau exotique rapporté de son voyage et avance maintenant d'un pas léger. Quelles vacances merveilleuses ce furent !

Les vacances de rêve sur les plages de sable blanc dont on nous vante tant les mérites ne seraient-elles rien d'autre qu'une vaste escroquerie ? Je pose la question à Elena Pruvli de Tallinn, en Estonie. Cette dernière a consacré de nombreuses années à effectuer des recherches sur les personnes qui partent en vacances. « La principale conclusion de mes recherches, affirme-t-elle, c'est qu'il n'existe que peu de corrélation entre le bonheur et ce qu'on appelle des "vacances de rêve". Souvent, de tels voyages peuvent même être très stressants. Un cadre luxueux, des palmiers et un corps bronzé ne suffisent généralement pas à nous rendre plus heureux. » Les voyagistes sont en mesure de prédire le genre de photos et d'histoires que nous allons rapporter à la maison. Les images se doivent d'être appropriées. « Il s'agit là d'un cliché largement répandu que nous impose un stéréotype déterminé par l'environnement social et qui définit ce à quoi des vacances de rêve sont censées correspondre », ajoute Elena Pruvli. Cela explique pourquoi de nombreuses personnes dépensent apparemment beaucoup d'argent pour un séjour stéréotypé dans le Sud, sans forcément y trouver le bonheur ou en revenir plus heureuses.

Au cours de ses recherches, elle a découvert qu'un autre mécanisme encore plus important est à l'œuvre. Nous agissons durant nos vacances exactement comme dans la vie courante. Nous nous mentons à nous-mêmes et nous mentons aux autres. Nous tenons en effet à ce que soient respectées ce qu'on appelle les « positions sociales ». « Dans toutes les cultures, il y a des positions de premier plan et de second plan, explique Pruvli. Peut-être n'existe-t-il pas de sociétés heureuses ou malheureuses en soi, mais, dans certaines sociétés, la notoriété des personnages de premier plan excentriques, tapageurs et prétentieux est telle que les citoyens ordinaires ne sont guère en mesure de décider ce qu'ils veulent faire de leur vie et de quelle façon ils pourraient être eux-mêmes. »

Nous nous mentons à nous-mêmes et nous mentons aux autres.

Alors nous nous donnons en spectacle. Pendant que nous attendons que nos bagages se retrouvent sur le tapis roulant, nos véritables sentiments remontent à la surface. Lorsque, trois minutes plus tard, le rideau se lève devant notre auditoire dans l'expectative, nous exhibons notre déguisement, nous affichons notre plus beau sourire et nous nous exposons aux yeux du monde. « Beaucoup de gens essaient chaque jour de mener une vie de rêve, poursuit Pruvli. Ils font des choses visant à convaincre des spectateurs réels ou imaginaires qu'ils sont heureux. Mais il existe un énorme fossé entre la façon dont notre vie se déroule réellement et ce que nous en montrons au monde extérieur. Cette façade extérieure est fortement conditionnée par l'image stéréotypée (et matérialiste) que le monde extérieur nous impose. »

Les portes coulissantes de l'aéroport constituent donc une métaphore pour exprimer les portes de nos vies. Nous dissimulons derrière ces portes tout ce qui se déroule vraiment dans nos foyers ainsi que dans notre esprit et dans notre cœur. Souvent, nous nous le cachons à nous-mêmes. Nous ne montrons aux autres que ce qu'ils attendent de nous. Si cette différence devient trop grande, nous ne sommes pas loin de la folie. La vie est une scène de théâtre. Chacun y joue un rôle et prend part au spectacle. Mon grand-père n'avait pas lu Shakespeare lorsqu'il m'a expliqué pourquoi il n'était jamais parti en voyage. « Les vacances, ça se passe dans la tête, mon garçon ! » Je ne l'ai jamais vu passer les portes des aéroports. Mais je pense qu'il était heureux.

> *« Les optimistes*
> *mobilisent*
> *leurs énergies positives. »*

O**P**TIMISTE
Positivisme

Tapez « *positive power*[15] » sur un moteur de recherche et vous verrez s'afficher aussitôt à l'écran les liens vers différents sites proposant les produits d'entreprises spécialisées dans la transformation des énergies naturelles (produites par l'eau, le vent et le soleil) en énergies renouvelables. Ces produits n'ont rien à voir avec les énergisants temporaires contenus dans certaines friandises et tablettes de chocolat auxquels cette expression faisait jadis parfois référence. Pour voir à l'œuvre et identifier les énergies positives qui se trouvent en nous, il suffit de les exploiter comme s'il s'agissait d'*énergies naturelles* destinées à favoriser une vie plus heureuse et plus fructueuse. Y compris à long terme.

C'est d'ailleurs ce que l'on peut lire dans ce courriel que m'a adressé une certaine Inge : « J'ai vraiment eu l'impression, au cours de votre conférence, que j'aurais aimé entendre plus tôt de tels propos. Je suis relativement heureuse à présent, mais il n'en a pas toujours été ainsi. Il y a dix ans, j'ai été admise dans un hôpital psychiatrique. J'étais complètement envahie par la peur et le désespoir, et les gens qui étaient censés m'aider n'ont fait que renforcer ce sentiment. *Mon psychiatre me prescrivait des cachets, mais cela n'a fait qu'empirer les choses.* J'ai eu enfin la chance de tomber sur un autre psychiatre auprès de qui j'ai pu, malgré tout, obtenir le soutien et acquérir la confiance dont j'avais besoin pour être de nouveau en mesure de regarder vers l'avenir avec optimisme. J'ai cessé de prendre des pilules, j'ai obtenu un diplôme et je déborde de nouveau de vitalité. Je mets déjà en pratique plein de choses dont vous avez traité durant votre conférence et ce serait chouette s'il était possible de faire connaître ces principes dans les services de santé mentale, auprès des patients et du personnel soignant, car je sais par expérience que cela peut vraiment contribuer à faire une énorme différence. Merci de m'avoir apporté la confirmation que je vais bien, ainsi que pour les conseils supplémentaires et l'espoir que vous m'avez donnés. »

Il n'est pas facile pour nous de voir dans quel domaine nous excellons. Néanmoins, si nous parvenons à faire cet examen critique en collaboration avec les témoins silencieux qui nous entourent, nous découvrirons l'existence d'une puissante source d'énergie positive. Il ne s'agit plus de simplement éliminer nos côtés négatifs, nos défauts et nos erreurs, mais de donner à nos talents et à ceux des autres la possibilité de s'exprimer sans aucune restriction.

Énergie naturelle

On nous a si souvent dit, à l'école comme à la maison, ce que nous ne pouvions pas et ne devions pas faire. Les bulletins scolaires servent à évaluer nos compétences dans des matières telles que la lecture, l'écriture, le calcul et l'éducation physique. On nous attribue des notes en fonction de notre rendement. Mais quels atouts serons-nous réellement en mesure d'exploiter le moment venu ?

Nous avons tellement mis l'accent sur l'élimination de nos défauts et de nos erreurs que nous en avons négligé de découvrir et d'identifier nos talents.

Une mère m'a raconté que son fils de cinq ans était allé s'amuser dans un château gonflable avec les autres enfants de sa classe de maternelle. De retour chez lui, il avait fait de grands dessins reproduisant les tubes et les ventilateurs chargés d'alimenter le château en air. Deux semaines plus tard, son institutrice informa la maman de Bernard, au cours d'une réunion de parents d'élèves, que ce dernier était parfois socialement inadapté. Elle cita l'exemple du château gonflable. Bernard était resté assis tout le temps derrière le château au lieu de sauter dessus comme tous les autres enfants. Elle n'a pas songé un seul instant à attribuer à Bernard une note favorable pour le fait qu'il avait passé son temps à étudier l'ensemble du système technique utilisé. Il se pourrait fort bien que Bernard devienne plus tard un excellent ingénieur. Lorsqu'une personne manifeste ainsi très tôt de l'intérêt pour la technologie, il est de notre devoir d'identifier et de renforcer une telle prédisposition.

Une enquête réalisée à l'échelle mondiale par l'institut Gallup a révélé que *seulement 20 pour 100 des salariés des grandes entreprises jugent qu'ils utilisent leurs compétences tous les jours,* et que 65 pour 100 des Américains n'ont eu droit à aucune forme de reconnaissance pour leur bon rendement au travail au cours de l'année écoulée. Nous savons pourtant que les gens qui connaissent leurs points forts et sont en mesure de les utiliser sont plus heureux, obtiennent de meilleurs résultats, recouvrent plus rapidement la santé et sont moins dépressifs que la moyenne. Tout comme pour l'énergie solaire, l'énergie éolienne et l'énergie hydraulique, nos forces positives individuelles demeurent largement inexploitées. Mais lorsque nous parvenons à les utiliser efficacement, l'énergie ainsi libérée peut être énorme.

La psychologue Barbara Fredrickson l'a amplement démontré dans sa théorie de la croissance et du développement des émotions positives. Selon elle, les émotions négatives ont pour effet de limiter nos pensées et nos actions. En revanche, les émotions positives contribuent à élargir (accroître et développer) nos compétences sur les plans social, physique et cognitif. Quand on se sent bien dans sa peau, on est plus curieux, plus sociable, plus créatif et en meilleure santé. Notre système immunitaire fonctionne plus adéquatement, notre circulation sanguine s'en trouve facilitée et nous sommes davantage en mesure de résoudre les problèmes et d'accomplir des tâches pénibles.

Les émotions positives contribuent à faire de nous des individus plus curieux, plus sociables, plus créatifs et en meilleure santé.

Quels sont vos véritables talents ? Découvrez-le par vous-même ! Voyez par exemple quelles sont les compétences que vous utilisez en général spontanément dans les situations difficiles. Faites-vous preuve de leadership, de prudence ou de courage ? À quoi aspiriez-vous et à quoi jouiez-vous lorsque vous étiez enfant ? Picasso fréquentait déjà l'École des beaux-arts à treize ans et, dès l'âge de cinq ans, l'architecte Frank Gehry construisait des maquettes à partir des matériaux qu'il dénichait dans l'atelier de son père. Dans quel domaine vous sentez-vous généralement à l'aise ? Certaines personnes aiment parler en public alors que d'autres sont terrifiées à l'idée de se retrouver en pareille situation. Quelles sont les compétences que vous semblez acquérir rapidement : jouer d'un instrument de musique, trouver la solution d'un problème ou réparer une voiture ? Nommez une qualité que vous êtes fier de posséder. Celle-ci ne doit pas se trouver bien loin de l'un de vos principaux talents.

Livres et sites Web proposent un large éventail de tests qui vous permettront de découvrir quels sont vos talents particuliers. Voici une liste arbitraire de qualités auxquelles vous pourriez ne pas avoir songé tout de suite. Soulignez cinq qualités que vous possédez et que vous utilisez déjà. Tracez ensuite deux traits sous les qualités que vous aimeriez avoir. Demandez-vous ensuite comment vous pourriez les acquérir.

prudent	discipliné	impartial	studieux
souple	communicatif	ouvert d'esprit	courageux
harmonieux	convaincant	confiant	intègre
innovateur	organisateur	empathique	responsable
persévérant	intelligent	sociable	calme
agile	sympathique	modeste	artiste
amusant	honnête	adroit	etc.
optimiste	spirituel	curieux	
ambitieux	créatif	déterminé	

Le nouvel air du temps

Lorsque les psychologues au service de Coca-Cola commencent à s'y mettre eux aussi, le résultat est toujours intéressant. Ceux-ci essaient en permanence de comprendre ce qui motive les gens et de trouver ensuite comment la célèbre marque pourrait le mieux répondre à leurs besoins. Pendant des décennies, leur publicité a été basée sur la notion de plaisir, comme en témoigne leur fameux slogan « Savourez Coca-Cola ». C'était dans l'esprit du siècle dernier. Mais les choses ont changé depuis. À présent, Coca-Cola étend au monde entier sa stratégie, laquelle s'articule autour de thèmes nouveaux que les dirigeants de cette société estiment être les motivations humaines du XXIe siècle : l'espoir et le bonheur. Ils ont été assez malins pour réunir ces deux notions au sein d'un seul et même slogan. *Espoir et bonheur se traduisent donc désormais par « Ouvre du bonheur ».* En ouvrant une bouteille d'eau sucrée, en réalité vous « ouvrez du bonheur ».

Les dirigeants de Coca-Cola ont déjà réussi dans le passé à s'approprier le père Noël lui-même. Ressemblant au départ à un robuste Viking en costume vert, ce dernier a été transformé par leurs soins en un vieux bonhomme corpulent arborant une barbe blanche et vêtu d'un manteau rouge. Et le monde entier a fini par emboîter le pas. Ils viennent maintenant de découvrir la force de l'espoir et du bonheur. Sur leur site officiel, ils nous donnent un aperçu de ce qui se passe en coulisses : « Tout au long de son histoire, Coca-Cola a toujours fait en sorte de porter un regard neuf et positif sur le monde. Le slogan "Ouvre du bonheur" continue de s'appuyer sur cet héritage. Malgré le stress et les difficultés de la vie moderne, il survient tous les jours des occasions de prendre le temps de savourer des plaisirs simples. Notre nouvelle campagne vise à rappeler aux gens que Coca-Cola est toujours là pour leur apporter un moment de détente et de plaisir chaque fois qu'ils éprouvent le besoin de se rafraîchir. Ce nouveau slogan invite les populations du monde entier à mettre du positivisme, de l'optimisme et de la joie dans leur vie grâce à Coca-Cola : *You buy Coke and you open happiness*[16] !»

Tous les moyens sont bons. Cette campagne a débuté par une intervention massive dans les nouveaux réseaux sociaux. Après avoir fait un appel à tous, on a sélectionné trois blogueurs à qui on a confié la tâche de visiter plus d'une centaine de pays en l'espace d'un an et de demander à leurs habitants ce qui les rendait heureux. En plus de payer leurs frais de voyage, Coca-Cola leur a aussi versé un salaire. Bien entendu, des caméras ont également fait partie de l'expédition. Un responsable de Coca-Cola leur a déclaré : « Il ne s'agit pas de faire apparaître le nom de Coca-Cola au milieu de votre écran. Nous voulons livrer un message positif qui parle de bonheur, d'optimisme et de joie de vivre ; nous désirons que les gens fassent eux-mêmes le lien avec Coca-Cola. » C'est ainsi que les trois blogueurs en question se sont attelés à la tâche de diffuser un peu partout – par l'intermédiaire des revues et magazines, lettres d'information électroniques (*e-letters*) et différents réseaux sociaux – un court message d'optimisme. Une occasion en or pour Coca-Cola d'avoir de la publicité gratuite, ses dirigeants ayant toujours trouvé le moyen d'exhiber quelque chose de rouge ou de blanc. Il en est ainsi du nouveau rêve que, tout comme ce bon vieux père Noël, Coca-Cola a conçu pour nous avant même que nous osions l'imaginer.

Il suffit de zapper entre les publicités télévisées pour avoir une petite idée de ce qui se passe. Les entreprises ont découvert l'existence de l'optimisme. Partout apparaissent désormais des variantes de lèvres souriantes ou d'images de *smileys* («bonshommes sourire») souvent subtilement dissimulées au milieu de phrases et en arrière-plan. Entre-temps, le Lipton Ice Tea a déjà détourné à des fins publicitaires le slogan de la psychologie positive. *Dans cette nouvelle version, le célèbre* Think Positive *est tout simplement devenu* Drink Positive[17]. Les agences de publicité savent ce qui motive nos actions. À leurs yeux, agir se confond tout naturellement avec acheter et consommer. Mais nous pouvons aussi simplement utiliser cette connaissance en vue d'atteindre des objectifs dans de nombreux autres domaines, et ce, à l'aide de sources d'inspiration telles que l'espoir, le bonheur et la pensée positive.

> *Les entreprises ont découvert l'existence de l'optimisme.*

Entorse à la loi de Murphy

Je dois donner une entrevue téléphonique en direct à une station de radio étrangère à partir de chez moi et je suis à la recherche d'un coin tranquille où m'installer. Dans un instant, le journaliste chargé de m'interviewer va m'appeler à l'heure convenue. Dans une pièce, le bruit de la circulation est trop intense, dans l'autre, le diamant mandarin[18] n'arrête pas de chanter. Je me réfugie à l'endroit le plus calme de la maison et je me prépare pour l'entrevue. C'est alors que le détecteur de fumée situé à l'étage supérieur se met soudain à émettre un son strident. On doit normalement en remplacer les piles tous les deux ans. Mais pourquoi faut-il que cette alarme se déclenche à cet instant précis ? Le Dr Finagle[19] doit certainement connaître la réponse à cette question. Sa loi s'énonce comme suit : « Si quelque chose peut mal tourner, alors ça tournera mal » – et ce, au pire moment possible. Finagle et sa loi relèvent du domaine de la fiction, mais nous reconnaissons là l'idée sous-jacente. La loi de Murphy représente la version scientifique de ce vieil adage. Celle-ci stipule : « Si une chose *peut* mal tourner, elle va *infailliblement* mal tourner. » Autrement dit, s'il existe plusieurs façons de faire quelque chose et qu'au moins l'une de ces façons peut entraîner une catastrophe, il se trouvera forcément quelqu'un quelque part pour la déclencher. Les pessimistes invoquent souvent cette loi pour prouver qu'ils ont raison. Si une tartine de confiture tombe par terre, selon eux, le côté où se trouve la confiture sera toujours orienté vers le bas. *Pourtant, Murphy était un optimiste et sa « loi » relève davantage de la plaisanterie que d'une vérité scientifique.* Il tentait d'expliquer simplement ce que les statistiques, qui sont basées sur les grands nombres, font ressortir : si quelque chose peut mal tourner au cours d'une activité donnée et si l'on répète cette activité assez souvent, tôt ou tard une erreur finira inévitablement par se produire. Lorsque tout va bien, on ne le remarque pas. Ainsi, les gens prêtent très peu attention à tout ce qui fonctionne bien (les barrières s'ouvrent et se ferment correctement, les prévisions météorologiques sont généralement exactes). Nous sommes toutefois enclins à examiner les choses à travers la loupe de notre méfiance. Le mot « pessimisme » vient du latin *pessimus* et signifie « le pire ». Certes, il arrive que des erreurs aient réellement des conséquences néfastes. Mais cela ne change rien au fait que les choses vont généralement bien. Notre pessimisme en dit plus long sur notre attitude mentale que sur la réalité. Ce que les pessimistes croient pouvoir inférer de la loi de Murphy apparaît plutôt comme une prophétie qui se réalise : les personnes qui prédisent que les choses vont mal se terminer contribuent elles-mêmes à ce résultat. Notre manière de voir les choses a automatiquement des répercussions sur l'avenir.

La loi de Murphy a fait l'objet d'une étude approfondie de la part de Suzanne Segerstrom, de l'Université du Kentucky. Celle-ci a publié à ce sujet un rapport détaillé, intitulé *Breaking Murphy's Law : How Optimists Get What They Want from Life – and Pessimists Can Too*[20]. Ses travaux sur la psychologie positive lui ont valu un prix important dans ce domaine, mais, pendant longtemps, elle a refusé de se considérer elle-même comme une personne optimiste. Elle avait en effet constaté que les études portant sur l'optimisme n'étaient pas prises au sérieux, alors même que ses recherches ont justement démontré scientifiquement que l'optimisme a une influence particulièrement favorable sur notre système immunitaire. Elle a depuis trouvé une définition de l'optimisme qu'elle-même juge acceptable : « Quelqu'un d'optimiste s'attend à un avenir meilleur et travaille sans relâche en ce sens. Il est convaincu d'avoir la maîtrise de son avenir. » *L'optimisme consiste en un mélange de foi et d'attitude.* Il est possible de s'exercer à être optimiste simplement en se concentrant sur ce qui est positif. « Au début, peut-être devrez-vous faire semblant, précise-t-elle, jusqu'à ce que cela devienne tout à fait naturel pour vous. » Il suffit d'en prendre l'habitude, quoi. La première règle consiste par conséquent à se fixer des objectifs. Notez vos objectifs par écrit et dressez un plan en vue de les atteindre. Faites-le semaine après semaine et étape par étape. Adaptez et modifiez ce plan au besoin, mais sans jamais perdre de vue le but final.

L'optimisme se révèle être un mode de fonctionnement que l'on peut assimiler à un « comportement ». Or, il est possible de changer son comportement. Bon nombre de nos caractéristiques sont pour moitié déterminées génétiquement, mais, selon Suzanne Segerstrom, le genre d'optimisme dont il est ici question n'est déterminé génétiquement qu'à 25 pour 100. Le reste découle de nos expériences, notamment des apprentissages qui nous incitent à croire que nous avons la capacité d'atteindre nos objectifs. Sur ce plan, la plupart des gens sont modérément optimistes. Très peu sont très optimistes et plus rares encore sont ceux qui sont foncièrement pessimistes. *Les optimistes misent moins sur la chance que sur leur conviction que l'avenir leur réserve davantage de bonnes que de mauvaises surprises.* Les optimistes sont moins inquiets et préfèrent passer à l'action et se fixer des objectifs qu'ils s'efforcent ensuite d'atteindre. Et si une difficulté survient, ils possèdent la souplesse nécessaire pour pouvoir s'adapter à la nouvelle situation. Il est difficile de modifier son tempérament, mais il est plus facile qu'on ne le pense de changer son comportement.

Le plan élaboré par Suzanne Segerstrom en vue de pouvoir se soustraire à la loi de Murphy et même passer du camp des pessimistes à celui des optimistes comporte quelques règles simples. Ne remettez pas votre destin entre les mains du hasard, de la loterie ou de la roulette. Ne vous laissez pas guider par le doute, mais par la foi en vous-même. Croyez que de bonnes choses vous attendent dans l'avenir. Agissez en conséquence : fixez-vous des objectifs, classez-les par ordre de priorité et dressez un plan en vue de les atteindre. Ne cherchez pas à éviter les obstacles ; efforcez-vous plutôt de les affronter et de les analyser en vue de les éliminer. Laissez-vous inspirer par ce qu'il y a de meilleur chez les autres et fixez-vous constamment de nouveaux objectifs. Il n'est pas nécessaire d'être optimiste pour agir, mais rien ne vous empêche d'agir comme si vous l'étiez déjà. Vous en ressentirez rapidement les bienfaits. L'optimisme constitue une bonne stratégie de vie. Probablement la meilleure que vous puissiez adopter.

Peut-être devrez-vous agir au début comme si vous étiez déjà optimiste.

Le chapeau jaune

On retrouve immanquablement les éternels pessimistes et les éternels optimistes dans toutes les discussions. Les premiers puisent leur inspiration dans tout ce qui va mal, les seconds, dans les occasions qu'ils ont dénichées. Pour bien faire comprendre qu'il existe différentes façons de penser qui s'équivalent, Edward de Bono a mis au point la fameuse « méthode des six chapeaux[21] ». Les participants à une réunion décident de porter chacun un « chapeau » d'une couleur particulière, le temps pour eux d'aborder un problème à partir de la perspective associée au rôle que chaque intervenant se voit ainsi assigné. De la sorte, au lieu de se lancer dans des discussions stériles au cours desquelles chacun cherche à imposer ses idées, tous apprennent, grâce aux réflexions parallèles qu'engendre cette méthode, qu'il existe simplement d'autres façons de penser. Le chapeau blanc symbolise les informations et les faits bruts ; le rouge, les émotions. La créativité est représentée par le chapeau vert ; la pensée rationnelle, par le bleu. La personne qui porte le chapeau noir formule des critiques négatives en soulignant les dangers et les risques encourus. Celle qui porte le chapeau jaune émet des commentaires constructifs tout en mettant l'accent sur les avantages des solutions proposées et sur l'harmonie du groupe. La méthode élaborée par de Bono s'appuie sur le fait que notre cerveau fonctionne de différentes manières et que chaque point de vue correspond à un choix personnel. *Dans les discussions habituelles, la personne au chapeau noir*

> *est susceptible de monopoliser le débat.* La personne qui porte le chapeau jaune ne préconise pas un optimisme aveugle, mais, tout comme les autres intervenants, une méthode analytique et un processus d'évaluation. De concert avec cette dernière, tous se mettent en quête d'arguments qui militent en faveur d'une idée ou d'une suggestion, sur la base d'une « approche positive de l'indécision ». La personne qui porte le chapeau noir étant quant à elle partisane d'une « approche négative de l'indécision ». Pour être efficace, une discussion doit se dérouler comme suit : la personne qui porte le chapeau bleu lance le débat (quel est notre objectif ?) ; elle est suivie par la personne au chapeau rouge (qui exprime ses émotions, ses réactions et ses opinions). La personne qui porte le chapeau jaune examine ensuite les possibilités et les occasions qui se présentent. La personne au chapeau vert suit en proposant des idées et des solutions. La personne qui porte le chapeau blanc rappelle les faits, tandis que la personne au chapeau noir met l'accent sur les obstacles potentiels. Ensemble, les participants parviennent ainsi à imaginer un vaste éventail de solutions nuancées. De la sorte, tant l'optimisme que le pessimisme occupent la place qui leur revient, sans monopoliser le débat pour autant.

Savoir dire merci

Au cours d'un entretien avec un psychologue américain et un psychologue chinois, je cherche, pour un motif personnel, à traduire le mot « *nieuwjaarsbrief* ». Par « lettre du Nouvel An », peut-être ? Ils n'arrivent pas à saisir ce que je veux dire. J'insiste, jusqu'à ce que je constate que ce n'est pas l'expression qu'ils ne comprennent pas, mais le concept lui-même. Les lettres de Nouvel An[22] n'existent pas dans leurs pays. J'étais pourtant persuadé d'en avoir aperçu une une fois dans un film de Noël américain dégoulinant de bons sentiments, mais je me suis apparemment trompé. Je découvre qu'il s'agit là d'une tradition typiquement flamande, qui est unique au monde et qui existe depuis plus de cinq cents ans. Même les pays voisins ne la connaissent pas. Le matin du Nouvel An, les enfants flamands (souvent encore en pyjama) vont surprendre leurs parents en leur présentant une lettre manuscrite dans laquelle ils les remercient pour tout ce qu'ils font pour eux. Ils les félicitent pour leurs efforts et promettent de faire de leur mieux pour que l'année qui commence soit bonne et heureuse. *La lettre commence toujours comme suit : « Chère maman, cher papa. »* Ils en font souvent de même pour leurs grands-parents ou leurs parrain et marraine. Lesquels cherchent par la suite non seulement leur mouchoir, mais aussi leur portefeuille.

Wikipedia confirme cette observation et ajoute que cette tradition flamande se transmet presque exclusivement grâce à l'éducation. D'après quelques enquêtes menées auprès des écoles, il semble toutefois qu'on ne s'y empresse plus de perpétuer cette tradition. Dans la plupart des établissements, on l'élimine progressivement en l'enseignant uniquement aux tout-petits, par exemple. Ou seulement à ceux qui le souhaitent, et après les cours. Il arrive régulièrement que les enseignants ne savent plus trop combien de lettres il convient de demander aux enfants d'écrire. On trouve désormais des familles monoparentales et des familles recomposées, et il est par ailleurs difficile de savoir si les enfants ont été baptisés et, par conséquent, s'ils ont encore un parrain ou une marraine... Alors ils se contentent de mettre un terme à cette coutume. Ce faisant, nous risquons toutefois de jeter le bébé avec l'eau du bain. Écrire une lettre personnelle aux personnes qui comptent dans votre vie, puis la leur lire publiquement... voilà un geste courageux, magnifique et souvent émouvant. En outre, tant le lecteur que le destinataire en éprouvent un grand bien-être.

Soudain, je suis plutôt fier de cette tradition. Et les deux psychologues me confortent dans mon opinion. « Nous devrions implanter cette idée dans d'autres pays », me lancent-ils. Ils s'empressent aussitôt d'ajouter que ce sera très difficile. Tant la culture américaine que la culture chinoise auraient du mal à accepter que des enfants expriment tout à coup publiquement leur reconnaissance à l'endroit de leurs parents ou de leurs grands-parents. Prudence. Réserve.

Nous pourrions envoyer un signal encore plus puissant en faveur de cette tradition en jetant à la poubelle toutes les lettres types pré-imprimées qui se répètent année après année et en laissant les enfants dire dans leurs propres mots ce qu'ils aiment chez les adultes à qui ils écrivent ces lettres. Il n'est pas possible que tous les enfants s'expriment de la même manière. Mieux vaut des lettres authentiques comportant des taches et des fautes plutôt que de voir associés les mots « filou » et « bisou », deux clichés qui semblent avoir pour seul mérite de rimer correctement. *Mais pourquoi abandonnons-nous cette coutume en vieillissant ?* Qu'est-ce qui nous empêche de simplement mettre par écrit, de temps en temps, ce que nous apprécions le plus chez les autres ? Pourtant, l'un des moyens scientifiquement éprouvés de nous rendre plus heureux consiste à remercier les autres de manière explicite. Pas pour ce qu'ils font mais pour ce qu'ils sont. Et parce qu'ils sont là, tout simplement : « J'existe parce que tu existes. » L'effet est encore plus grand si vous parvenez réellement à remercier votre « mentor », c'est-à-dire la personne qui vous a servi de guide tout en vous laissant les coudées franches. Souvent, il s'agit d'un enseignant. Avez-vous jamais pris la peine de remercier ce mentor ? Le moment est venu de tailler votre crayon et d'écrire la lettre du Nouvel An de votre vie !

L'appel que j'ai lancé dans les médias en vue de réhabiliter la lettre du Nouvel An n'est pas passé inaperçu. Journaux et magazines ont repris le message. Le jour de l'An, ce message a même été diffusé aux nouvelles télévisées, accompagné de courageux exemples. Des écoles ont indiqué que la lettre du Nouvel An fait de nouveau partie du programme scolaire. Des enseignants bien inspirés ont raconté comment eux et leurs élèves en avaient même réalisé une version PowerPoint. Et des institutions qui œuvrent à la protection du patrimoine m'ont remercié parce que le patrimoine ne consiste pas seulement en monuments, mais aussi en traditions. Et la lettre du Nouvel An est justement une de ces coutumes que nous devons préserver. La personne à qui elle s'adresse en est reconnaissante et elle se sent appréciée, émue et heureuse. Cette lettre véhicule un message d'optimisme simple, qui est tout aussi important pour ceux qui l'expriment que pour ceux qui le reçoivent. La lettre du Nouvel An parviendra-t-elle bientôt à conquérir le monde ?

Un patrimoine n'est pas seulement constitué de monuments, mais aussi de traditions.

Savoir pardonner

Le bonheur est souvent associé à l'idée de donner. Il a toutefois également un lien étroit avec l'idée de pardonner. Le pardon est un cadeau que l'on se fait à soi-même, car il permet de se délivrer définitivement du poids étouffant de la souffrance et de la colère au lieu de continuer à les traîner éternellement derrière soi comme un boulet. Il s'agit là d'un geste empreint d'optimisme. Ceux qui acceptent de pardonner font le choix de ne plus vivre dans le passé mais de vivre dans le présent et de s'engager dans l'avenir. Ce n'est pas quelque chose qui se produit automatiquement : c'est une question de choix. Frederic Luskin, de l'Université Stanford, a étudié les différentes étapes qui sont nécessaires pour arriver à pardonner. Selon lui, si quelqu'un vous a fait du mal, vous n'avez même pas besoin de chercher à vous réconcilier avec cette personne. Vous pouvez très bien garder vos distances si vous le désirez. Simplement, la vie de celui qui réussit à pardonner sera déjà moins stressante. Mais comment s'y prend-on pour pardonner ?

> *Le pardon est un cadeau que l'on se fait à soi-même.*

Décrivez votre frustration et trouvez un moyen de l'exprimer avec force. Videz-vous le cœur auprès de bons amis. Cela vous aidera à identifier vos sentiments et à prendre du recul par rapport à eux. Arrêtez ensuite de vous creuser les méninges pour tenter de savoir qui a raison ou de polémiquer à ce sujet. Concentrez-vous sur ce que vous pouvez retenir de positif du passé. Qu'avez-vous appris de cette expérience ? Dans quelle mesure en ressortez-vous grandi ? Le fait que vous parveniez à mener une bonne vie malgré ce qui s'est produit demeure encore la meilleure façon de vous venger ! *Devenez le héros de votre propre histoire.* Les victimes n'ont aucun pouvoir sur leur vie, les héros oui. Peut-être quelqu'un vous a-t-il intentionnellement précipité dans la misère, mais c'est à vous qu'il appartient, en dernier ressort, de décider si vous voulez continuer de vivre dans le dénuement ou non. Vos partenaires et vos collègues peuvent certes vous causer du tort, mais vos propres erreurs et vos espoirs déçus aussi. Il arrive quelquefois qu'on ne se souvienne même pas des raisons pour lesquelles on s'est senti blessé. Nous devons parfois aussi nous pardonner à nous-mêmes pour avoir constamment porté des jugements à notre propre endroit : « Je ne suis pas digne d'être aimé, de réussir, d'avoir du plaisir et d'être heureux. » Entretenez une image positive de vous-même et ne laissez pas votre passé ternir votre présent ou votre avenir. Ceux qui sont incapables de pardonner laissent les tourments de la frustration gâcher leur vie. Il est parfois utile de noter par écrit tout le tort que les autres vous ont causé ou tout le mal que vous avez vous-même fait aux autres. C'est beaucoup plus efficace que de l'exprimer uniquement verbalement. Ensuite, brûlez purement et simplement ce que vous avez écrit. Il s'agit là d'un acte de pardon fort et symbolique.

Pardonner implique de cesser de faire des reproches (aux autres aussi bien qu'à soi-même) et de remplacer ses sentiments négatifs par des sentiments positifs : « Où se trouve mon intérêt en fin de compte ? » De cette façon, on choisit d'avoir un avenir meilleur. On fait la paix avec son passé et on décide d'aller de l'avant. Pardonner ne signifie toutefois pas qu'il faut tout oublier. Il n'est pas nécessaire que la douleur disparaisse complètement. Peut-être même ne s'estompera-t-elle jamais. Mais au moins nous assumons par la suite de nouveau la responsabilité de nos actions et de nos émotions. Et cette responsabilité n'incombe à personne d'autre qu'à nous-mêmes. Nous faisons tous de notre mieux avec ce qui nous a été donné. À partir du moment où nous sommes plus éclairés, nous pouvons faire encore mieux.

Les optimistes jouissent d'une meilleure santé

Il arrive souvent que les personnes en bonne santé ne soient pas heureuses. Et il arrive souvent que les personnes malades soient très heureuses. Mais, en réalité, les gens optimistes jouissent en général d'un meilleur état de santé. Il conviendrait par conséquent de nous souhaiter mutuellement moins une bonne santé qu'un peu plus d'optimisme.

> Et le bonheur dans tout ça? Celui-ci n'est que le sous-produit de l'optimisme. Or, que savons-nous au sujet des gens optimistes?
>
> 1. Ils vivent sensiblement plus longtemps.
> 2. Ils s'enrhument moins rapidement.
> 3. Ils courent moins de risques de souffrir d'une maladie cardiaque.
> 4. Ils respirent mieux et sont moins sujets aux maladies pulmonaires.
> 5. Ils résistent mieux au stress.
> 6. Ils font preuve d'une plus grande résistance.
> 7. Ils recouvrent plus rapidement la santé.

La recette du bonheur

Partout dans le monde, nous en avons appris beaucoup sur le bonheur au cours de ces dernières années. Pour la première fois, ces connaissances ont même fait l'objet de conférences et de recherches ayant pour thèmes la « qualité de vie » et le « bien-être subjectif ». Le bonheur n'est plus considéré comme le domaine réservé des philosophes, des prêtres, des gourous, des mystiques ou des révolutionnaires. Psychologues, sociologues et économistes échafaudent aujourd'hui des théories sur la base de données concernant des citoyens ordinaires. Mais quiconque prétend connaître la recette unique du bonheur est incontestablement un charlatan. Faites un grand détour afin de l'éviter. Et n'allez surtout pas vous restaurer chez lui. En tout cas, nous ne devrions pas manger de la cuisine française. Sur l'échelle du bonheur, les Français ne s'attribuent en effet qu'un modeste 6,5, soit un score identique à celui de l'Indonésie, du

Honduras et du Nigeria. On ne peut pas précisément parler ici de haute gastronomie du bonheur.

Au cours de mes recherches pour *Le grand livre du bonheur*, j'ai fait la connaissance de deux sympathiques professeurs de Zagreb : Dubravka Miljkovic et Majda Rijavec. En tant que psychologues, elles se sont particulièrement intéressées au concept de recette universelle du bonheur et ont aussi écrit des livres à succès à ce sujet. *Elles se sont efforcées de découvrir quels ingrédients sont vraiment indispensables au bonheur et lesquels permettent d'en affiner le goût.* Les proportions varient en fonction des désirs de chacun. Mais elles nous conseillent de ne surtout pas attendre de préparer la grande fête de la vie avant de l'apprécier, car il s'agit de la bonne vieille recette traditionnelle du bonheur quotidien.

> *Il s'agit de la bonne vieille recette traditionnelle du bonheur quotidien.*

Il faut d'abord un bon four (de préférence celui qui est dans la famille depuis longtemps), quelques talents culinaires, une température adéquate et un temps de cuisson suffisant.

Six ingrédients indispensables – De bons amis sur lesquels on peut compter (et si possible un mauvais, juste pour voir la différence). Une relation sentimentale stable. Un emploi stimulant adapté à ses compétences. Suffisamment d'argent pour satisfaire ses besoins élémentaires (et parfois aussi moins élémentaires). Au moins trois choses positives par jour. De la reconnaissance pour avoir eu tout ce qui précède.

Cinq ingrédients facultatifs – Un enfant ou plus (avec une dose supplémentaire de reconnaissance). La plupart du temps, un Dieu et des saints. Quelques années supplémentaires d'études. Une bonne santé physique et une (plus ou moins) bonne santé mentale. Quelques déceptions.

Mélangez le tout à des opinions crues. En accompagnement, servez davantage d'émotions positives que négatives. Incorporez quelques soucis, mais ne les laissez pas gâcher votre bonheur. Gardez votre curiosité intacte au moyen de nouveaux apprentissages et poursuivez votre croissance personnelle.

Osez déguster une glace

On ne devrait pas déguster de glace pendant les heures de travail. Mais peut-être allez-vous laisser ainsi échapper la chance de votre vie. Car une glace contribue à rendre heureux. C'est du moins ce qu'affirme le professeur d'économie danois Christian Bjornskov. Son histoire montre clairement pourquoi les Danois semblent être les gens les plus heureux du monde.

Un jour, Bjornskov préparait un essai sur le capital social, mais les choses n'avançaient pas. Il décida alors d'abandonner là son ordinateur et de sortir s'acheter une glace. Ce geste a marqué chez lui le début d'une réflexion sur ce qui rend les gens heureux. « Le fait de quitter mon bureau pour faire autre chose que ce que j'étais censé faire, affirme-t-il, m'a permis de mettre en lumière une des particularités qui contribuent au bonheur des Danois : leur capacité de croire à la liberté individuelle et d'agir en conséquence. » Cela commence chez eux par une conscience aiguë de l'importance de la liberté individuelle. Les habitants du Danemark (et de l'Islande, un autre pays qui figure parmi les cinq premiers sur l'échelle du bonheur) partagent avec certains peuples très heureux d'Amérique latine la même certitude de pouvoir régler eux-mêmes leurs problèmes lorsque quelque chose va mal dans leur vie. Cette croyance est tout à fait subjective. Les Suédois et les Norvégiens, qui occupent l'autre moitié de l'ancien territoire des Vikings, sont moins convaincus de la chose. C'est peut-être l'une des principales raisons pour lesquelles ils obtiennent un moins bon score sur l'échelle du bonheur. Ce sont les effets conjugués de leur tendance à l'individualisme et de leur grande confiance dans les autres qui font le succès des Danois. Ces derniers sont davantage persuadés que les autres peuples qu'ils se comportent honnêtement et, dans l'ensemble, ils sont en effet remarquablement honnêtes. Les impôts sont très élevés au Danemark, où ils représentent 48 pour 100 des revenus. Mais les Danois ne s'en plaignent guère. La richesse y est répartie assez équitablement et ils ont confiance dans leurs institutions.

Lors de la Conférence européenne sur la psychologie positive qui s'est tenue à Copenhague, Ruut Veenhoven, le fondateur de la World Database of Happiness[23], a précisé en quoi consiste exactement la différence de conception du bonheur qui existe entre, disons, les Pays-Bas et le Danemark. Cette différence ne se situe pas dans le climat, dans les gènes, dans la situation internationale, dans l'économie, dans le régime politique ou dans le système de sécurité sociale, mais au niveau des pouvoirs publics. L'État est davantage présent au Danemark. Mais si c'est un bon gouvernement, il n'y a rien de mal à cela. Celui-ci veille à ce qu'il y ait plus d'égalité et à ce que la santé mentale y constitue une priorité. L'accent y est mis sur la prévention. « Les psychologues y sont par conséquent plus occupés que les psychiatres », a lancé Veenhoven à la blague. L'éducation semble jouer un rôle clé à cet égard. Les jeunes Danois aiment aller à l'école, même lorsqu'ils sont devenus adultes. Dans les enquêtes comparatives PISA[24], ils n'obtiennent certes pas les meilleurs résultats, mais l'accent y est davantage mis sur les compétences sociales. Ils apprennent à entretenir de bons rapports avec les autres et à réagir adéquatement aux succès et aux échecs. Ils sont bien dans leur peau.

Le président danois de la conférence, Hans Henrik Knoop, a ajouté un autre élément important, tiré de son expérience personnelle : « Nous éduquons nos enfants en exigeant d'eux un degré relativement faible d'obéissance, a-t-il dit. Je sais que cela peut sembler étrange aux yeux des autres pays, mais, pour nous, il est beaucoup moins grave qu'ils dépassent les lignes en faisant du coloriage. En fait, on nous *encourage dès l'enfance à colorier à l'extérieur des lignes. »* J'aussitôt compris pourquoi Bjornskov affirme qu'il s'est offert un moment de pur bonheur, ce jour-là, en quittant son bureau pour aller s'acheter une glace. Ce faisant, il a pu approfondir ses recherches. J'ignore ce que vous faites actuellement. Mais peut-être feriez-vous mieux dès à présent de fermer ce livre et d'entreprendre quelque chose qui ne correspond pas tout à fait à ce qu'on attend de vous ? Tout en manifestant de la confiance et du respect à l'égard d'autrui. Je serais curieux de connaître le résultat.*

Peut-être feriez-vous mieux dès à présent de fermer ce livre.

« Les optimistes opèrent des changements en eux-mêmes. »

OP**T**IMISTE
Transformation

Les *Transformers* sont des robots que trois films, une série d'animation télévisée, une bande dessinée, une série de jouets et divers jeux vidéo ont rendu célèbres dans le monde entier. Ceux-ci peuvent se transformer à volonté en véhicules, en animaux ou en machines. Ces robots trahissent un désir séculaire de transformation de notre part. Même si certains philosophes soutiennent depuis longtemps que tout est fixe et immobile et que rien ne change fondamentalement, nous savons désormais que nous ne sommes pas uniquement ce que nous avons toujours été. *Nous sommes essentiellement ce que nous devenons.* Les *Transformers* forment deux groupes de belligérants. Les gentils *Autobots* se nomment Optimus Prime, Sunstreaker, Powerglide ou encore Silverbolt. Ils doivent combattre les terribles *Decepticons*, dont Thundercracker, Shockwave et Breakdown. Leurs noms parlent d'eux-mêmes. D'où les *Decepticons* tirent-ils principalement leur force destructrice ? Du fait qu'ils ont été créés pour être des engins militaires. Leurs transformations sont indissociables de ce but ultime. Néanmoins, les changements que subissent ces robots sont souvent déroutants, au point où ces derniers sont à peine reconnaissables après coup. Ces images contribuent à nous faire croire que les changements sont toujours quelque chose d'important (et de menaçant par la même occasion).

Nous sommes persuadés que les grands changements sont la conséquence d'interventions majeures. Or, il n'en est rien. Une goutte de poison suffit à tuer quelqu'un. Le temps de regarder une personne deux secondes dans les yeux, et voilà que notre vie s'en trouve bouleversée à jamais. *De petites causes peuvent amener de grands effets.* Le fait de respirer calmement ou de dresser la liste de vos grandes priorités peut sembler insignifiant, mais cela peut vraiment avoir une incidence majeure sur votre vie. Nous estimons que les choses qui coûtent peu, en termes de temps, d'efforts et d'argent, sont sans importance. Mais ce n'est qu'un préjugé.

Il semble extrêmement difficile de se changer soi-même pour la simple raison que c'est extrêmement simple. N'étant pas des robots susceptibles de modifier radicalement leur apparence, nous devrions plutôt envisager notre vie comme un bloc d'argile que nous pouvons modeler à notre guise, en fonction des buts que nous désirons atteindre. Heureusement que nous ne sommes pas seuls et que les changements interviennent toujours dans le cadre de nos interactions avec les autres. Nous changeons tous en permanence. Même si, lors d'une réunion d'anciens camarades de classe, nous essayons de nous persuader du contraire pour des raisons de sécurité et sous la pression sociale. («Nous sommes tous restés exactement les mêmes!», «Tu n'as pas du tout changé!».) Les optimistes prennent en main leur propre processus de développement. Ils se fixent des objectifs et choisissent une orientation tout en se donnant à eux-mêmes et en donnant aux autres la possibilité de changer.

Par où commencer ?

En quoi consiste la première étape ? La meilleure façon de réaliser ses rêves, c'est encore de se réveiller pour de bon. Dans quel monde est-ce que je vis au juste ? Comment est-ce que je me perçois et quel genre de rapports est-ce que j'entretiens avec les autres ? Quelle est ma principale raison de me lever chaque matin ? Les pessimistes donnent à ces questions simples des réponses très différentes de celles des optimistes. Si vous ne craignez pas de constater qu'il est possible de faire mieux, vous êtes sur la bonne voie. La lumière a été inventée dans l'obscurité.

Votre apprentissage commence à cette étape. Ce ne sera pas facile. Rappelez-vous qu'Edison a essuyé plus d'un millier d'échecs avant d'inventer l'ampoule électrique. Lorsqu'on lui a demandé si toutes ces expériences ratées ne l'avaient pas découragé, il a répondu qu'il ne les considérait pas comme des échecs. Il avait simplement découvert des milliers de manières de procéder qui n'avaient donné aucun résultat. Mais, au bout du compte, il a réussi. Tout est donc question de persévérer et d'apprendre de chaque expérience.

La peur est la plus mauvaise des conseillères. Paralysés par la peur de l'inconnu, les pessimistes sont souvent incapables d'entreprendre quoi que ce soit ou de vraiment profiter de la vie. Emmenez deux personnes faire une balade en montgolfière : l'optimiste saura profiter de la beauté du paysage tandis que le pessimiste s'imaginera à chaque instant que le ballon va s'enflammer avant de s'écraser au sol en catastrophe. La réalité est exactement la même pour tous les deux. Seule l'interprétation qu'ils en donnent diffère. Cette interprétation est souvent conditionnée par nos antécédents, notre éducation, notre environnement et le contexte dans lequel nous vivons. Mais rien ne nous oblige à accepter les choses telles qu'elles sont. Laissez-vous guider par l'espoir plutôt que par la peur. L'espoir est le nom de l'oiseau qui se met à chanter alors qu'il fait encore nuit parce qu'il pressent que l'aube arrive. La peur est le nom du chien craintif qui reçoit sa pitance des mains de quiconque veut bien être son maître.

Toujours pas entièrement convaincu de vouloir devenir quelqu'un d'(encore plus) optimiste ? Personne ne peut vous y obliger. Il vous suffit simplement de comprendre que c'est une question de choix. Et ce choix dépend entièrement de vous. C'est vous qui choisissez la manière dont vous voulez voir la réalité. Les optimistes comptent davantage d'amis et obtiennent davantage de succès. Ils atteignent plus facilement leurs objectifs et mènent une vie plus variée et plus intéressante. Ils jouissent d'une meilleure santé et sont plus heureux. Si vous choisissez quand même de passer le reste de votre existence en étant pessimiste, il est inutile de poursuivre votre lecture. Cela ne ferait que vous rendre plus malheureux. Sinon, franchissez le pas et commencez dès maintenant !

> *C'est vous qui choisissez la manière dont vous voulez voir la réalité.*

De quelle façon peut-on apprendre à penser positivement ? Dans le cadre d'une expérience couronnée de succès, on a demandé à des personnes dépressives de fixer bien en vue, tant chez elles que sur leur lieu de travail, dix étiquettes autocollantes de couleurs différentes. Chaque fois qu'elles voyaient une de ces étiquettes, elles devaient penser à quelque chose qui les rendait heureuses et les mettait de bonne humeur. Au bout de trente jours, cet exercice a produit un effet bénéfique perceptible. Les étiquettes autocollantes sont peut-être un peu trop voyantes, mais rien ne vous empêche de disposer certains objets dans votre environnement. Prenez ensuite la résolution de penser à quelque chose de positif chaque fois que vous les voyez. Vous entraînerez ainsi votre esprit. C'est la raison pour laquelle beaucoup de personnes exhibent des photos de membres de leur famille ou de leurs enfants sur leur lieu de travail, les fixent sur le tableau de bord de leur voiture ou les utilisent comme fond d'écran d'ordinateur. Du moment que vous n'écrivez pas dessus cette phrase déprimante : « Tu me manques ! » Leur présence devrait uniquement vous encourager à aller de l'avant.

La prochaine étape a trait à la gratitude. Nous sommes tellement habitués à tellement de choses que nous n'arrivons plus à nous montrer surpris ou reconnaissants. Lors de mon premier voyage en Afrique, dans les régions les plus pauvres de l'un des pays les plus pauvres, le Burkina Faso, je ne me suis pas laissé aller au découragement. J'ai vu beaucoup de misère, certes, mais aussi beaucoup de gens dignes et remplis d'espoir. *Ce n'est qu'une fois rentré chez moi que j'ai fondu en larmes.* Rien qu'en voyant l'eau couler du robinet. Je m'efforce de toujours garder à l'esprit ce sentiment. D'éprouver de la gratitude pour ce qui existe. Parfois, le robinet se met à hoqueter ou il faut du temps avant que l'eau soit chaude. Cela nous laisse quelques secondes pour être reconnaissants pour tous les jours où l'eau coule normalement. Le train a dix minutes de retard ? C'est le temps qu'il faut pour examiner attentivement l'énorme bâtiment en construction situé à côté de la gare et observer le va-et-vient des camions, des grues et des ouvriers. Vous trouvez-vous pris soudain dans un embouteillage ? C'est le temps de penser à vous et d'insérer un nouveau CD dans le lecteur. Êtes-vous retardé par un accident ? Réjouissez-vous de constater que vous ne vous êtes pas retrouvé sous ce camion et que vous êtes toujours vivant. Je sais bien que tout cela semble très naïf. Mais ça marche ! Puisque le train est en retard et que la circulation est bloquée de toute façon, il ne sert à rien de maugréer.

Il existe des techniques simples qui permettent d'acquérir une attitude positive. Portez un bracelet à votre poignet gauche jusqu'à ce que vous ayez une réaction négative. Faites alors glisser le bracelet à votre poignet droit. Vous le remettrez à votre poignet gauche lorsque vous aurez une réaction positive. L'idée est d'arriver à garder le bracelet à votre poignet gauche pendant sept jours d'affilée.

J'utilise depuis plus d'une vingtaine d'années une autre technique dont je n'ai appris que récemment que son effet psychologique a été prouvé et qu'on la désigne en anglais sous le nom de *gratitude journal*, c'est-à-dire «journal de gratitude». Notez-y chaque soir trois petites phrases qui résument ce qui, ce jour-là, a donné un sens à votre vie et l'a rendue digne d'être vécue. Il n'est pas nécessaire qu'il s'agisse de quoi que ce soit d'exceptionnel, mais de préférence de quelque chose que vous avez personnellement contribué à faire advenir. On n'écrira donc pas: «Le soleil brillait», mais plutôt: «J'ai pris le temps de m'asseoir au soleil pendant une heure.» *En vous obligeant à noter au moins trois expériences agréables, vous vous mettez ainsi activement en quête de telles expériences.* Il peut s'agir d'un appel que vous avez trop longtemps différé à un ami lointain, d'une invitation que vous avez acceptée plutôt que de la décliner, de billets de spectacle que vous avez réservés, etc. Vous ne pourrez qu'en être reconnaissant envers vous-même par la suite. Commencez dès aujourd'hui. Après un mois vous aurez déjà noté près d'une centaine d'expériences agréables, après une année plus d'un millier, après dix ans plus de dix mille... En parcourant votre journal, vous éprouverez un immense sentiment de gratitude pour tout ce que vous avez vécu. Certes, des événements négatifs auront également pu survenir en cours de route, mais pas au point de dominer l'ensemble de votre existence. Vous aurez le sentiment général d'avoir posé une série de jalons positifs dans votre vie.

Une maman m'a raconté qu'elle utilisait cette méthode avec succès depuis plusieurs mois avec ses deux enfants âgés de quatre et cinq ans. Chaque soir, elle leur demande de décrire trois choses simples qui leur ont fait plaisir dans la journée. Ils les notent ensuite ensemble par écrit. Même s'il s'agit juste d'un événement mineur du genre : « Aujourd'hui, j'ai réussi pour la première fois à étendre de la pâte à tartiner au chocolat sur une tranche de pain. » Cette mère a l'intention d'offrir ce cahier en cadeau à ses enfants lorsqu'ils auront 18 ans. Il devrait alors contenir plus de dix mille expériences agréables : un véritable coffre au trésor grâce auquel ils pourront construire leur vie. J'espère qu'elle va persister jusque-là. Mais je lui ai aussi conseillé de tenir elle-même un journal semblable. Trop souvent, nous nous oublions pour notre conjoint ou nos enfants. Alors que nous avons aussi besoin de contribuer sciemment à notre propre bonheur. À terme, tout le monde s'en portera mieux.

Essayez ceci pour voir

1 Simplifiez-vous l'existence.
Lorsqu'on a un emploi du temps trop chargé, il devient difficile de rester optimiste. Jetez un regard critique sur tout ce que vous avez à faire et n'hésitez pas à supprimer certaines activités de votre agenda, même si elles sont agréables. Trop, c'est trop.

2 Ne vous fâchez pas.
Certes, il arrive fréquemment que quelqu'un passe avant son tour, que quelqu'un vous prenne votre place de stationnement ou que vous receviez un appel non sollicité provenant d'un service de télémarketing. Soyez indulgent envers l'autre personne. Dites-vous que ce n'est peut-être pas son jour non plus. Il se peut même que votre réaction positive inattendue la pousse à réfléchir à son propre comportement.

> **3** **Sachez vous récompenser.**
> Un travail accompli ? Offrez-vous une récompense. Faites-vous plaisir de temps en temps. Même lorsqu'il n'y a pas vraiment de raison de le faire. Rien que de songer à ce qui l'attend rend déjà un homme heureux !
>
> **4** **Sachez tirer le meilleur parti possible d'une mauvaise situation.**
> Vous vous retrouvez au beau milieu d'une file d'attente. Peut-être est-ce là l'occasion d'entamer une conversation impromptue avec quelqu'un qui attend comme vous ?
>
> **5** **Ne vous blâmez pas en tenant des propos négatifs à votre endroit.**
> Les choses n'ont pas fonctionné comme vous le souhaitiez, mais vous n'êtes pas un imbécile pour autant. Vous ferez mieux la prochaine fois !

Vos premiers pas sur le chemin qui mène au bonheur

Le bonheur ne vient pas de quelque chose que nous ne possédons pas encore et que nous obtenons soudain. Nous le trouverons plutôt en reconnaissant et en appréciant ce que nous avons déjà. Il s'agit moins de mener une vie agréable que de chercher activement à retirer le maximum de satisfaction de la vie qui nous a été dévolue. La publicité nous fait miroiter la promesse d'une vie meilleure associée à des images de soleil, de fête et de succès. Mais la vie ne ressemble pas à ça du tout.

Évidemment, rien ne vous empêche d'essayer de transformer votre vie. Mais ce n'est pas de cela dont il est ici question. Un nouvel emploi, une nouvelle maison ou le fait de gagner au loto peut nous rendre plus heureux. Nombreux sont ceux qui pensent qu'ils trouveront le bonheur de cette façon. D'autres pensent plutôt qu'ils doivent sortir davantage avec leurs amis, partir plus souvent en vacances ou prendre un bon repas. Il n'y a rien de mal à cela non plus. Faites-en l'expérience et profitez-en. Mais le vrai bonheur se trouve ailleurs.

Il n'est pas nécessaire de changer radicalement de vie. Nous nous approchons du but lorsque nous modifions notre manière de voir les choses. Êtes-vous satisfait de la vie que vous menez ? Profitez-vous pleinement de l'existence ? Seriez-vous capable d'apprendre à être plus heureux sans vous sentir obligé de tout chambarder dans votre vie ? Cela ne veut bien évidemment pas dire que vous devez apprécier tout ce qui survient de négatif dans votre vie. En effet, il est idiot de se mettre à rire lorsqu'on reçoit une contravention, lorsqu'on perd un match, lorsqu'on se casse une jambe ou lorsqu'on a un accident. La meilleure chose à faire en pareil cas, c'est de donner une tournure positive aux événements en les considérant comme des processus d'apprentissage. Qu'avez-vous appris de vos expériences malheureuses, de manière à éviter qu'elles se reproduisent à l'avenir ? Le but est tout simplement de parvenir à apprécier pleinement l'existence que nous menons et de prendre conscience des nombreuses choses agréables qui surviennent actuellement dans notre vie.

Il est toutefois inutile de demander aux pessimistes de dresser une liste des aspects positifs de leur vie. Ils en sont incapables et n'en ont nullement envie. La maman de jumeaux m'entretient pendant une demi-heure de tous les problèmes qui se posent à elle en double : elle doit se lever deux fois plus souvent la nuit, elle a deux fois plus de conflits à résoudre, toutes ses dépenses ont doublé, etc. Ce n'est que lorsque je lui demande si elle apprécie tout de même le fait d'être mère qu'elle me raconte à quel point elle attendait ce moment avec impatience, car cela n'avait initialement pas fonctionné. À présent, elle peut vraiment jouir doublement de ce privilège. Elle reçoit deux fois plus de câlins, sans compter qu'elle fera une énorme économie de temps à long terme dans la mesure où ses enfants grandissent simultanément. Elle n'avait pas vu les choses sous cet angle.

Je bavarde avec une autre dame depuis déjà une demi-heure lorsqu'elle me révèle brusquement qu'elle souffre d'un cancer du sein. Elle essaie de ne pas dissimuler ou minimiser le problème. Elle affirme simplement qu'elle est heureuse et que les médecins sont beaucoup plus prompts à établir un diagnostic de nos jours. Sa mère n'avait pas eu cette chance. Elle ajoute qu'elle a 50 pour 100 de chances de vaincre la maladie au lieu de dire qu'elle a 50 pour 100 de risques d'être vaincue par la maladie. Ce qui est en cause ici, c'est ce sur quoi ces deux femmes choisissent de mettre l'accent. Face aux circonstances, il est toujours possible d'adopter une approche soit négative, soit positive. La première rend malheureux, la seconde rend heureux. Indépendamment de la réalité des événements qui surviennent. On pourrait penser que la première de ces femmes est plus heureuse que la seconde, mais ce n'est pas le cas.

Nous vivons presque tous plus ou moins les mêmes choses. Des choses positives et des choses négatives. Nous connaissons tous des hauts et des bas. Toutefois, la réponse à la question de savoir si nous apprécions la vie ou non dépend surtout de ce sur quoi nous choisissons de faire porter notre attention. Notre attitude face à la vie provient souvent de ce qu'on nous a appris lorsque nous étions enfants, mais il ne s'agit pas là d'une règle immuable. Il est toujours possible de cultiver une attitude positive. Le choix vous appartient donc de mettre l'accent sur vos souffrances et vos peurs, ou sur vos joies et vos rêves.

Le plus grand piège qui vous guette à ce stade-ci ? Le déni ! Au lieu de chercher à éluder les difficultés, osez les nommer et les décrire. Intégrez-les à votre vie et dressez un plan visant à en diminuer le nombre ou à les affronter. Évidemment, un patient atteint de cancer ne doit pas prétendre qu'il n'est pas malade. Ni une jeune mère nier à quel point elle est heureuse avec ses enfants. Le fait de vous tracasser ou de vous faire sans cesse du souci ne vous sera toutefois d'aucun secours. C'est néanmoins plus facile à dire qu'à faire. Quiconque a mis l'accent toute sa vie sur le côté négatif des choses n'arrivera pas comme par magie à se focaliser sur le côté positif. Un changement reste toujours possible, mais il doit se produire étape par étape.

Nous avons parlé plus haut de l'importance d'apprendre à apprécier ce que nous avons déjà. Par exemple, vous êtes en mesure de lire ce livre parce que vous avez eu la bonne fortune d'apprendre à lire. Vous n'êtes pas totalement dépendant des autres, de sorte que vous pouvez généralement prendre des décisions par vous-même. Autant de choses pour lesquelles il y a lieu de se montrer reconnaissant. Même si des tas de choses vont mal, il subsiste des points lumineux.

C'est encore plus évident pour moi lorsque je vois et que j'entends Arnoud Raskin[25]. Ce dernier construit des écoles mobiles qu'il promène ensuite dans le monde entier, les installant près des décharges publiques où vivent les enfants des rues privés de tout stimulus positif. Il leur enseigne à se redécouvrir. Il ne cherche toutefois pas à les aider en adoptant cette attitude paternaliste voulant qu'ils aient besoin d'aide. Il se sert des connaissances qu'ils utilisent pour survivre pour nous donner une leçon. Il donne des conférences et des ateliers dans le monde entier à ce sujet. Il présente à des gestionnaires et à des dirigeants d'entreprises les témoignages de ces enfants qu'il a enregistrés sur bande vidéo. Tous sont surpris par tant de sagesse et d'inventivité, qu'ils mettent ensuite en pratique au sein de leurs propres équipes. L'argent que cette activité procure à Arnoud Raskin est ensuite investi directement dans son projet de recherche sur la situation des enfants des rues. Je ne peux pas imaginer un projet plus porteur d'espoir que celui-là. Là encore, cet homme a fait le choix d'adopter une attitude positive. Preuve qu'il y a toujours une lueur d'espoir même dans les circonstances les plus difficiles.

Cette manière d'envisager les choses nous incite par conséquent à voir le côté positif des situations négatives. Essayez d'en faire autant avec tout ce qui vous importe, que ce soit au travail et dans votre vie de tous les jours. N'avez-vous vraiment rien de positif à dire au sujet de votre patron ou de vos collègues de travail ? Ne voyez-vous que les défauts et les points faibles des gens qui vous entourent ou que le mauvais côté des choses ? Que pouvez-vous dire de positif concernant les membres de votre famille, vos amis, votre travail, votre santé, votre situation, votre liberté d'action, etc. ? Ceux qui savent apprécier ce qu'ils ont sont davantage en mesure de saisir les occasions qui se présentent à eux et d'entreprendre ainsi le premier pas d'un long voyage vers une vie plus heureuse.

Lorsqu'on arrive à décrire les éléments essentiels de sa vie, on apprend souvent à les apprécier.

Que faire lorsqu'on se trompe ?

Un jeune homme est assis en face de moi. Il a à peine 17 ans et a déjà été placé deux fois en institution. À titre d'observateur, j'assure le suivi auprès d'un camp de jeunes en difficulté. Les adolescents ayant un lourd passé se retrouvent là dans un climat de sécurité, car ils ont un urgent besoin de faire quelque chose de positif de leur vie. Mais ils n'y arrivent pas tout seuls. Ils en sont au troisième jour d'une semaine d'introduction intensive. Chacun d'entre eux a formulé des objectifs spécifiques. («Je veux vivre en appartement», «Je veux pouvoir parler à ma mère de nouveau», «Je veux un emploi à temps plein », « Je ne veux plus fréquenter mes amis qui se droguent », etc.) Ils seront bientôt pris en charge par un instructeur bénévole. Celui-ci les suivra et les encouragera pendant un an, histoire de voir ce que deviennent leurs projets. Des évaluations montrent que ce type de programme a un taux de réussite beaucoup plus élevé que ceux des établissements pénitentiaires traditionnels.

Assis en cercle sur des chaises, ces jeunes gens doivent définir ce dans quoi ils excellent et ce dont ils sont fiers. Pour la plupart d'entre eux, cet exercice est assez difficile. Ils ont déjà subi de graves échecs dans de nombreux domaines. À présent, ils ont droit à des applaudissements nourris pour chaque énoncé positif. Cela donne lieu à des scènes émouvantes. La plupart de ces jeunes n'ont depuis longtemps plus pensé ou entendu quoi que ce soit de positif les concernant. Et voilà qu'on les applaudit à présent. « C'est la première fois que quelqu'un dit quelque chose de bien à mon sujet », lance le jeune homme de 17 ans. Il trouve la chose plutôt *cool*, mais il se sent manifestement très mal à l'aise. Si seulement la vie était ainsi faite, doit-il se dire.

La mission de *Youth at Risk*[26] ? Aider les jeunes en difficulté à découvrir par eux-mêmes qu'ils sont aptes à faire des choix responsables. La méthodologie utilisée repose sur les principes de la confiance, de la reconnaissance, de l'appréciation, de l'engagement et du sentiment d'appartenance à la collectivité. L'accent y est mis sur la méditation et la réflexion, afin que ce qui est enseigné s'intègre véritablement à leur personnalité. Quelle leçon pouvons-nous en tirer en tant qu'optimistes ? Notamment dans le cas où nous avons commis des erreurs ?

Avez-vous jamais rencontré quelqu'un qui n'a jamais commis d'erreur grossière ? *Il y a autant d'erreurs qu'il existe de personnes.* Mais quelle est la différence entre ceux qui laissent leurs erreurs détruire leur vie et ceux qui réussissent à surmonter leurs échecs et à ressortir encore plus forts de ces épreuves ? Chaque erreur est une occasion de démontrer notre courage et notre caractère. Quiconque parvient à saisir cette occasion gagne en respect. Aux yeux des autres, mais aussi et surtout à ses propres yeux.

Pourquoi les gens commettent-ils des erreurs ? Parce qu'ils sont trop pressés, ne réfléchissent pas suffisamment, sont trop peu attentifs à ce qu'ils font, ils commettent des erreurs de jugement, prennent de trop gros risques, etc. Les raisons varient d'une personne à l'autre, mais on se sent très mal quand on comprend après coup qu'on aurait dû être mieux avisé. Heureusement, vous n'êtes pas seul dans ce cas. Si vous n'avez pas encore commis d'erreur grave, vous pouvez être presque certain que cela vous arrivera un jour ou l'autre. Tout dépendra alors de la façon dont vous allez gérer la situation.

La première et la plus importante chose à retenir, c'est d'assumer les conséquences de ses erreurs. Il n'y a pas d'échappatoire. Il vous faudra faire amende honorable et réparer les torts causés à autrui ou dédommager les victimes de vos erreurs. Les gens trouvent habituellement un moyen de se racheter. Qu'ils y soient forcés ou non.

La prochaine étape est encore plus importante pour votre avenir. Une erreur n'a d'utilité que si vous en tirez un enseignement. Analysez honnêtement vos erreurs. Qu'est-ce qui vous a entraîné sur la mauvaise voie ? Une fois que vous aurez trouvé la réponse à cette question, vous pourrez décider consciemment de ne pas répéter la même erreur. Avez-vous fait preuve de négligence, aviez-vous trop bu, avez-vous succombé à la pression de vos pairs ? Faites en sorte qu'il n'y ait pas de prochaine fois.

Vous pouvez maintenant envisager de rebâtir votre vie à partir de là. Pensez de manière positive et réaliste. Autrement dit, restez maître de vos pensées. Votre erreur était-elle réellement catastrophique ? Peut-être la situation n'est-elle pas aussi catastrophique que vous l'avez d'abord cru ? Il est possible que certaines personnes aient perdu tout respect pour vous. Peut-être avez-vous également honte de vous-même. Tout cela n'est certes pas agréable, mais ce n'est pas fatal pour autant. Si vous savez rester digne et si vous mettez tout en œuvre pour agir de manière respectable à l'avenir, vous serez plus en mesure de regagner le respect des autres (et de retrouver votre dignité par la même occasion). Rappelez-vous que vous n'êtes pas le seul à commettre des erreurs. Tout le monde sait pertinemment que les humains peuvent se tromper. Il existe probablement même des gens qui sont disposés à vous aider à repartir du bon pied. Quiconque reconnaît ouvertement son erreur et fait de son mieux pour la réparer devrait pouvoir s'en sortir sans trop de mal. Assurez-vous toutefois que cela ne devienne pas une obsession qui ne ferait que drainer vos énergies émotionnelles. Faites en sorte de demeurer actif et productif dans d'autres domaines. Osez prendre une décision radicale (ne plus consommer de drogues ou d'alcool, commencer un régime, retrousser vos manches, changer d'orientation professionnelle, faire du bénévolat, etc.). De cette façon, vous regagnerez votre estime de vous-même en devenant de nouveau fier de ce que vous accomplissez. Ne vous identifiez pas avec l'erreur que vous avez commise. Ne vous considérez pas comme un perdant. Faites attention aux mots avec lesquels vous vous décrivez ou avec lesquels les autres vous décrivent. Ne vous associez pas à un concept négatif. Il y a aussi des côtés très positifs en vous. Laissez-les prendre le dessus dorénavant. Et pour finir… rappelez-vous que cette période difficile passera. L'an prochain, vous pourrez de nouveau être fier de vous. Si tel est votre désir.

Ne vous considérez pas comme un perdant.

Les mots sont comme des boomerangs

« Singe » et « Arbre ». « Voleur » et « Âne ». Ces mots étaient affichés en haut du tableau noir, accompagnés d'un dessin. Nous n'avions encore jamais vu de singe, mais nous avons appris à épeler les lettres associées au dessin de cet animal et, par conséquent, à la notion de « singe ». Le mot « voleur » était quant à lui accompagné d'un dessin représentant la silhouette d'un bandit masqué qui s'enfuyait avec un sac rempli d'objets volés sur le dos. Nous n'avions encore jamais vu de voleur, mais nous avons appris à épeler les lettres associées au dessin dépeignant un tel individu et, par conséquent, à la notion de « voleur ». Si nous avions su que les fraudeurs et les criminels en col blanc déroberaient davantage d'argent que les malfaiteurs masqués qui détalent avec leur butin ! Il m'a d'ailleurs fallu un bon moment avant de considérer ceux-ci également comme des voleurs. Des pancartes affichant des concepts moins immédiatement intelligibles étaient également suspendues dans la salle de classe. Il y avait des flèches sur lesquelles étaient inscrits les mots « Est » et « Ouest », par exemple. Depuis, ces mots sont associés dans mon esprit à mon ancienne salle de classe. Je me souviens encore de l'endroit où se trouvait l'Est (derrière mon dos !) et j'ai longtemps cru que cette direction changeait chaque fois que je faisais pivoter mon pupitre. Pourquoi mes maîtres et mes enseignants m'ont-ils enseigné ces mots sans m'inculquer par la même occasion cette notion encore plus fondamentale : « Les mots ne décrivent pas la réalité, ils la créent » ? Il y a des parents qui n'hésitent pas à acheter à leurs jeunes enfants des t-shirts sur lesquels sont inscrits des slogans tels que : « C'est à toi peut-être ? » ou « Future star porno ». Peut-on parler de plaisanteries innocentes de la part de personnes qui devraient pourtant être plus avisées ?

Comparez maintenant les phrases suivantes : « Oussama ben Laden séjournait dans une maison de campagne en compagnie de ses proches » et « Oussama ben Laden se terrait dans un repaire en compagnie de ses complices ». Bien que toutes deux exactes sur le plan grammatical et sur le fond, ces phrases donnent une image différente de la réalité. C'est aussi ce que font l'optimiste et le pessimiste. Au moment où le rapport *Le bonheur des Belges* a été publié et en se basant sur exactement les mêmes données, un journal a titré : « Les Belges toujours plus malheureux », tandis que son concurrent a écrit : « Les Belges de nouveau plus heureux ». Tous les deux avaient raison. Un journal a fait état de l'évolution de la situation au cours des trente dernières années, l'autre au cours des sept dernières années. Mais la manchette donne le ton et celui qui poursuit sa lecture ne peut que lire l'article à la lumière du titre. Le langage ne décrit pas la réalité, il la crée.

Lorsqu'on tient des propos négatifs, on crée une réalité négative. Si le langage cru des garçons donne à penser que toutes les filles sont des « salopes » et des « putains », ces dernières vont se comporter en conséquence. Quiconque associe constamment le mot « politicien » à l'expression « se remplir les poches » aura une image différente des dirigeants politiques que celui qui accole régulièrement ce mot à « responsabilité ». Nous avons le choix d'enrichir notre vocabulaire de mots positifs ou négatifs (« Merde ! », « Va te faire foutre ! »). Non pas pour embellir la réalité, mais pour donner une signification différente à notre conception de la réalité. De la même façon que nous avons le choix de remplir notre maison de détritus ou de l'orner de fleurs fraîchement coupées. Ou que nous choisissons, en vacances, de ne pas photographier les poubelles, mais uniquement les plus beaux coins de la ville que nous visitons.

Les mots sont des armes puissantes. Vous avez peut-être été blessé des centaines de fois par des paroles, mais sans doute exceptionnellement par une arme. Les mots peuvent déclencher chez nous des émotions fortes telles que la colère, la douleur, la frustration et l'humiliation. Nous en avons tous fait l'expérience. Néanmoins, nous pouvons, avec la même énergie et le même résultat, déclencher en nous et chez les autres des sentiments positifs tels que l'amour, la joie, le réconfort, l'espoir et la persévérance. *Considérez les mots comme des boomerangs : le message que vous émettez vous reviendra tôt ou tard.* Si vous affirmez que vous ne pouvez pas accomplir telle ou telle tâche, vous ne faites que renforcer votre sentiment d'impuissance. Si vous exprimez votre désir d'«essayer» quelque chose, vous vous contenterez alors de faire une tentative. Mais si vous affirmez votre intention d'«accomplir» quelque chose, vous vous engagez dès lors à le réaliser et non pas simplement à tenter votre chance. Vous créez votre réalité au moyen des mots que vous choisissez d'employer. Si vous voulez acquérir plus d'estime de vous-même et de confiance en vous-même et adopter une attitude plus positive envers la vie, commencez déjà par modifier votre vocabulaire en conséquence. Remplacez désormais les expressions suivantes par l'expression entre parenthèses : «Si je...» («Lorsque je...»), «Je vais essayer» («Je vais accomplir»), «Cela pose un problème» («Cela représente un défi»), «Je ne sais pas» («Je vais me renseigner»), «J'ai échoué» («Je viens d'apprendre quelque chose»).

Notre subconscient joue à des jeux bizarres avec nous. Il refuse d'obéir lorsqu'on lui impose un ordre tel que «ne pense pas à un rhinocéros». Il en résulte que l'image d'un rhinocéros va immanquablement éclipser toutes les autres images susceptibles de nous venir à l'esprit. Sur le site des publications pédagogiques pour adolescents que nous éditons se trouve un bouton rouge vif sur lequel est écrit : «Défense de toucher». C'est le lien qui recueille le plus grand nombre de clics de tout le site ! Serait-ce le cas si le bouton comportait la mention : «Cliquer ici»? Lorsqu'ils appuient sur le bouton rouge en question, les jeunes visiteurs tressaillent tout d'abord de peur, car une image terrifiante leur saute au visage en hurlant. Puis suivent des conseils en matière de sécurité concernant l'utilisation d'Internet. Règle n° 1 : toujours réfléchir avant d'appuyer sur un bouton. Les messages négatifs sont contre-productifs. Les portes par lesquelles il est interdit d'entrer, le gazon sur lequel il est défendu de marcher, les images qu'il est interdit de regarder... tout cela attire immanquablement notre attention.

Ceux qui se bombardent tout le temps de propos négatifs agissent en conséquence. Notre subconscient n'enregistre pas les mots « ne… pas » et « non ». Ainsi, évitez de dire : « Je ne vais plus manger de chocolat » ; dites plutôt : « Je vais manger des fruits. » Et répétez-le dix fois par jour. *Les affirmations positives orientent nos pensées de manière inconsciente et influencent grandement nos actions et l'image que nous nous faisons de nous-mêmes.* Quiconque se répète sans cesse qu'il est « gros et stupide » finira par le croire ; il verra cette affirmation inévitablement confirmée et agira en conséquence. Quiconque se répète sans cesse qu'il n'est « ni gros ni stupide » obtiendra sensiblement le même résultat. Seule la personne qui parvient à répéter inlassablement : « Je suis mince et intelligente » pourra ressentir les effets bénéfiques de ses paroles sur sa confiance en elle-même et sur le comportement qui en découlera. Quiconque se considère comme un perdant et un bon à rien et estime qu'il n'est pas assez compétent pour mener une tâche à bien, celui-là voit ses propos se vérifier en permanence et se retrouve dans une spirale négative. (« Vous voyez bien ! ») Il est toutefois aussi possible d'utiliser cet effet de spirale de manière positive. Décrivez-vous comme quelqu'un de fort et de brave, de courageux et de drôle… Répétez fréquemment ces affirmations. Certains experts conseillent de répéter plusieurs fois par jour des affirmations positives nous concernant. (« Je suis calme. Je prends ma vie en main. Je suis entouré d'amour », etc.) Ces mantras sont susceptibles d'influencer positivement nos vies. Tout comme les mantras négatifs en font autant dans le sens contraire. Formulez toujours vos phrases au présent (et non au futur). Par conséquent, ne dites pas : « Je serai heureux », mais plutôt : « Je suis heureux ». Faites de même si vous souhaitez encourager les autres. Dites-leur à quel point ils sont beaux, intelligents, doués pour la musique, sportifs, sociables, etc., et ils vont bientôt s'épanouir dans leur domaine. Il ne s'agit pas ici de proposer un univers factice et des idéaux impossibles à atteindre. Nous avons tout simplement le choix de regarder la même réalité d'une manière positive ou d'une manière négative. Or, les mots constituent notre première manière de percevoir les choses et notre premier outil de travail. Ils ne décrivent pas la réalité, ils la créent. Tout va très bien aujourd'hui et ça ira encore mieux demain !

Les mots ne décrivent pas la réalité, ils la créent.

Bouton rouge et bouton vert

Quiconque se qualifie d'optimiste doit apparemment se justifier plus souvent que celui qui se considère comme quelqu'un de réaliste, de pessimiste ou de cynique. Lorsque les journalistes m'interviewent, je décèle en eux souvent une attitude de pitié. Je devine leurs pensées : « Qu'est-ce qui a mal tourné au juste dans votre vie ? À quel moment avez-vous reçu un coup sur la tête déjà ? » L'optimisme, c'est bon pour les chiffes molles et les esprits dérangés qui vivent la tête dans les nuages et qui refusent de voir la réalité en face. Pourquoi les pisse-vinaigre qui envahissent nos journaux et nos bulletins de nouvelles n'ont-ils jamais besoin de se justifier, eux ? Pourquoi les grincheux sont-ils de toute évidence pris plus rapidement au sérieux que les autres ? Pourquoi, lors de réunions de travail, sommes-nous davantage enclins à prendre en compte le point de vue de ceux qui mettent l'accent sur le côté négatif des choses que l'opinion de ceux qui en soulignent les aspects positifs ?

Au cours d'un *talk-show* produit par la télévision flamande, je suis assis aux côtés d'un humoriste qui m'écoute faire l'apologie de l'optimisme en fronçant les sourcils. « Je ne suis ni optimiste ni pessimiste, je suis cynique », affirme-t-il. Ce à quoi je réponds : « C'est très bien pour vous. Mais c'est très mauvais pour la société. Un cynique dit avec tout son corps : "Regardez comme je suis malin et intelligent : je réussis à éteindre en trente secondes ce que le feu sacré et la passion qui vous animent vous permettent d'accomplir." *Il s'agit là de l'attitude la plus commode qui puisse exister face à la vie.* » Tant qu'un acteur fait l'étalage de son cynisme sur scène, nous pouvons en rire. Mais je ne voudrais pas compter le nombre de personnes qui sont victimes d'un conjoint cynique ou d'un patron et de collègues cyniques.

De passage à Cologne, en Allemagne, je m'entretiens avec Volker Schad. Non seulement il est président de l'organisation regroupant les optimistes du monde entier, mais il connaît aussi beaucoup de succès en tant que conseiller en gestion. Une de ses techniques consiste à associer les esprits positifs (dits « boutons verts ») entre eux au sein des organisations. Il tente d'isoler les collaborateurs négatifs (dits « boutons rouges ») ou de leur attribuer moins de pouvoir de décision. À cet effet, il procède d'abord à une évaluation de tous les employés et des rapports qu'ils entretiennent entre eux. Parfois, une secrétaire de direction (à l'esprit positif) n'entre jamais en relation avec un commis comptable (également à l'esprit positif), car elle doit toujours passer par un intermédiaire (à l'esprit négatif). Une fois que les connexions positives sont bien établies et que les écluses négatives sont fermées ou que leur influence est minimisée, cela donne parfois une énorme impulsion à une entreprise ou à une organisation. Je demande à Volker Schad comment il parvient à détecter si quelqu'un est un bouton vert ou un bouton rouge au sein d'une organisation. « Ce n'est pas très difficile, répond-il. Pour le savoir, il suffit de s'entretenir pendant dix minutes avec quelqu'un au sujet de son boulot, de ses collègues et de la société ou de l'organisation au sein de laquelle il travaille. Je concentre mon attention sur trois critères principaux : parle-t-il en termes de "je" ou de "nous", son esprit est-il essentiellement tourné vers l'avenir ou vers le passé et met-il l'accent sur les problèmes ou les solutions ? Ces trois critères permettent de départager les optimistes des pessimistes. Les pessimistes parlent d'eux-mêmes, de leurs problèmes et du passé. Les optimistes mettent l'accent sur la collaboration, les solutions et l'avenir. »

> *Au bout de dix minutes de conversation, je sais si quelqu'un est un optimiste ou un pessimiste.*

Il vaut la peine de vérifier par vous-même si vous êtes un bouton rouge ou un bouton vert et de repérer les boutons rouges et les boutons verts présents dans l'organisation au sein de laquelle vous œuvrez, dans l'entreprise pour laquelle vous travaillez ou dans l'environnement où vous vivez. Évaluez qui sont les optimistes et les pessimistes et tâchez de vous encourager mutuellement afin de faire le meilleur usage possible de vos énergies positives. Évitez de faire preuve d'un excès de positivisme. Cela ne ferait que susciter de l'agacement. La règle des 3 pour 1 semble donner les meilleurs résultats : chaque affirmation négative devrait être suivie de trois positives. Pas plus, pas moins. Et non l'inverse, bien entendu. Mais toutes les quatre doivent être pareillement honnêtes et sincères. Sans doute trois boutons verts peuvent-ils vivre avec un rouge. Mais l'inverse serait très difficile pour ceux qui veulent voir le bon côté des choses.

Fluctuations du niveau de bonheur

« Je ne me suis jamais sentie aussi heureuse ! » Elle rougit et lui prend la main. Le soleil se couche. La musique des violons s'amplifie. Aussitôt le générique défile à l'écran. De telles scènes (tirées de spots publicitaires et de films mièvres en général) nous donnent l'impression que notre niveau de bonheur oscille entre des pics élevés et des creux profonds. Devrait-il vraiment en être ainsi ? Si tel est le cas, vaudrait-il mieux mesurer nos hauts et nos bas à l'aide d'un thermomètre ou à l'aide d'un baromètre (qui fluctuerait entre temps orageux et beau fixe) ?

Pour mesurer le bonheur, il vaut mieux utiliser un thermomètre qu'un baromètre.

Je pose la question à Robert Cummins. J'ai rencontré ce dernier à Bangkok, lors du Congrès mondial sur la qualité de vie. Il enseigne la psychologie en Australie et a été proclamé « expert de renommée internationale dans le domaine de la recherche sur la qualité de vie » pour ses travaux sur le bonheur. Depuis des années, il mesure régulièrement, dans son pays, le niveau de bonheur de 2000 personnes choisies chaque fois au hasard. Les données les plus remarquables obtenues grâce à ses enquêtes révèlent que le niveau de bonheur moyen de la population est demeuré pratiquement stable durant toutes ces années. Les fluctuations enregistrées d'une année sur l'autre sont au maximum de 3 pour 100. Nous pouvons observer le même phénomène dans d'autres pays. Pourquoi en est-il ainsi ? « Notre bonheur est déterminé par un système de régulation appelé "homéostasie du bien-être subjectif", explique Cummins. De même que notre température corporelle est stable, notre "degré de bonheur" est lui aussi plus ou moins fixe. Lorsque nous avons de la fièvre, la température de notre corps change, mais, en général, elle finit par revenir à son niveau normal. Notre niveau de bonheur est compris à l'intérieur de marges relativement étroites. La fourchette exacte dans laquelle il se situe fait encore l'objet de discussions, mais j'estime que ces marges correspondent tout au plus à 12 pour 100 du total, c'est-à-dire à 6 pour 100 de chaque côté du point de référence fixe. Pour mesurer le degré de bonheur, un thermomètre convient mieux qu'un baromètre. Le système de gestion de notre bonheur est élastique. S'il nous arrive quelque chose d'exceptionnellement bon ou d'exceptionnellement mauvais, notre système en est d'abord déstabilisé. Puis il rectifie le tir en ramenant notre niveau de bonheur à l'intérieur des limites normales. Mais chaque système a ses limites. Lorsque les expériences désagréables sont trop intenses et durent trop longtemps, le système perd alors de son élasticité. Il ne peut pas récupérer. À ce moment-là, le niveau de bonheur tombe régulièrement en dessous de son niveau normal, augmentant ainsi le risque de dépression. »

Puisque nous disposons d'une sorte de thermomètre médical nous permettant de surveiller notre bonheur de près, pouvons-nous nous assurer ainsi d'avoir moins de fièvre ? En d'autres termes, pouvons-nous renforcer notre « capacité de résistance homéostatique » ? Cummins précise à ce sujet : « *Une relation affective intime constitue la meilleure arme à cet égard. Une personne qui est en mesure de se confier à un ami véritable parvient à éviter plus facilement les ennuis. Et s'il lui arrive malgré tout de vivre des expériences désagréables, elle pourra toujours en parler à son confident. Il s'agit là d'un vieux moyen éprouvé de parvenir à être heureux et de retrouver le bonheur perdu. Notre deuxième arme est notre esprit lui-même. Il nous permet notamment de banaliser une situation désagréable. Vous venez de faire l'objet d'un licenciement ? Après quelque temps, vous serez le premier persuadé qu'il s'agissait là d'un boulot minable sans perspective d'avenir et à parler du bonheur que vous éprouvez depuis que vous avez quitté ce poste. Pareille "restructuration cognitive" nous permet de retourner une situation à notre avantage et d'éprouver ainsi de nouveau un sentiment positif normal. Nos gènes nous font savoir de cette manière que nous allons bien.* »

Dans les feuilletons et les publicités, le bonheur est généralement associé à une émotion. Il s'agit de quelque chose d'éphémère et de transitoire, comme l'odeur d'un café fumant ou l'image d'un coucher de soleil. Or, le vrai bonheur est un état d'esprit profondément enraciné qui est omniprésent et qui, en réalité, ne subit pas d'aussi fortes fluctuations. Même lorsque nous perdons le contact avec lui. Cela me semble une pensée rassurante. Du moins pour quiconque est heureux.

> *« Les optimistes*
> *entretiennent des rapports*
> *étroits avec les autres. »*

OPTIMISTE
Interaction

Nous sommes des animaux sociaux. Nous vivons et grandissons au contact des autres. Les optimistes en sont parfaitement conscients et ils utilisent leur énergie personnelle et l'énergie des autres pour aller de l'avant ensemble : *un plus un font trois*. Nous vivons au sein de structures sociales (famille, école, quartier, milieu de travail, etc.). Toute modification apportée à ces structures influe sur l'ensemble du système et sur ses différentes composantes. Si un proche est malade, cela indispose toute la famille, de même que les autres membres de la famille pris séparément. Si ce proche vient à mourir, la structure familiale s'adapte à la nouvelle situation et chaque membre s'efforce de traverser cette épreuve à sa manière. Il en est de même pour tous les groupes sociaux auxquels nous appartenons. Et ils sont nombreux. Tout évolue constamment. Tout le monde influence tout le monde et tout le monde est influencé par tout le monde, que ce soit consciemment ou (surtout) inconsciemment. À la fois positivement et négativement.

Il ne faut pas confondre interaction et communication. L'interaction implique une forme d'interdépendance et d'influence mutuelle. *Nous nous aidons réciproquement à changer et nous prenons soin les uns des autres.* Avec l'avènement des nouveaux médias, le concept d'« expérience interactive » joue plus que jamais un rôle central dans nos vies. Des millions de personnes ont déjà pénétré dans des univers virtuels tels que *Second Life*. Qui n'est pas sur Facebook pourrait bientôt ne même plus exister. Nous prenons avec une extrême facilité de nouvelles identités en nous abritant derrière des « avatars » et des « profils ». Au mieux, on pourrait considérer qu'il s'agit là d'exercices visant à nous préparer à la vie réelle. Car, une fois que nous en avons fini avec les jeux vidéo en ligne, les clics de souris et les forums de discussion, nous nous retrouvons face à des personnes qui existent réellement. Dans la vraie vie, la fonction de messagerie instantanée que propose *Second Life* correspond tout simplement à une conversation. Or, il est assez difficile de faire la conversation. Il ne s'agit plus simplement d'employer des mots, mais de mobiliser notre corps, notre être, nos compétences linguistiques, nos capacités relationnelles et notre bagage culturel tout entiers.

Nous apprenons à connaître, à ressentir et à désirer grâce à nos interactions avec les autres et aux expériences que nous faisons en leur compagnie. *Nos interactions avec les autres sont à la base de notre personnalité, de nos relations et de nos organisations sociales.* Nos compétences sociales font donc une réelle différence à cet égard. Le fait qu'un désaccord dégénère en conflit ou que nous nous sentions acceptés ou rejetés par les autres détermine qui nous sommes et qui nous devenons. La vie est faite d'interactions sociales. Par conséquent, loin de vouloir se couper des autres, les optimistes cherchent consciemment à entrer en interaction avec les autres en écoutant, en parlant, en ressentant et en expérimentant. Ils parviennent de la sorte à se changer eux-mêmes et à changer les autres et leur environnement dans le sens d'une vie meilleure, plus agréable et plus enrichissante.

L'importance du réseau social

La meilleure façon d'accroître son degré d'optimisme consiste à s'entourer de personnes optimistes. Il n'est pas difficile d'entrer en relation avec elles, car les optimistes ont l'esprit ouvert et sont attentifs aux autres. En général, ils nous facilitent l'accès à leur cercle d'amis, nous donnent plus rapidement rendez-vous et entreprennent plus fréquemment des activités conjointes. Notez la rapidité avec laquelle vous adopterez les réflexes et les habitudes de ces gens. Ce constat vaut également pour ceux qui s'entourent de personnes cyniques et pessimistes. Mais en sens inverse. Le choix vous appartient. Les personnes qui se sentent des affinités avec les autres sont beaucoup plus positives et plus heureuses que celles qui affirment ne se sentir proches de personne.

Vous n'avez pas appris à vous faire de nouveaux amis ? *Dans chaque classe il y a au moins un élève qui n'a aucun ami dans sa propre classe.* Il est étonnant de constater combien de jeunes se retrouvent rarement ou pour ainsi dire jamais entre copains en dehors de l'école. En dépit de Facebook et des autres réseaux sociaux, un quart des Américains affirment ne pas avoir d'ami à qui se confier. Dans le cadre des programmes de formation professionnelle destinés aux conseillers auprès de la jeunesse, ces derniers apprennent à se faire des amis de manière efficace : en demandant régulièrement aux autres comment ils se portent, en revenant plus tard à la charge, en étant honnêtement à l'écoute des autres sans se mettre à raconter leur vie, en aidant quelqu'un, en donnant spontanément un coup de main, en offrant de petits cadeaux aux autres et en les louangeant, en s'ouvrant aux autres, etc. Ce sont là des connaissances que nous pouvons tous mettre en pratique en vue de nous faire de nouveaux amis et d'entretenir de vieilles amitiés. Ce faisant, méfiez-vous des « amis des beaux jours » (qui ne sont là que lorsque tout va bien) et appréciez les « vrais amis » (qui sont là pour vous quelles que soient les circonstances). Que celui qui compte 365 amis sur Facebook fasse le test d'envoyer un message demandant à tous de venir l'aider à déménager le week-end prochain. Vous voulez connaître le nombre de réponses ?

Il ne faut pas confondre les connaissances et les amis. Les gens qui prennent part à un projet commun ou qui font partie de la même association ont beau être de très bonnes connaissances, cela n'en fait pas de véritables amis pour autant. Lorsque l'objectif commun est abandonné ou que les membres quittent le groupe, il ne reste généralement plus rien de la complicité qui pouvait exister entre eux. La même chose vaut pour les personnes qui s'allient (au sein d'une même famille ou au travail, par exemple) pour lutter contre un ennemi commun. Il se forme une clique, mais, là encore, on ne peut pas parler d'amitié. Les amis sont des gens qui entretiennent des rapports agréables, basés sur la réciprocité, la camaraderie, l'originalité et la confiance mutuelle. Nous vivons à une époque qui offre beaucoup plus de possibilités de nouer des amitiés qu'auparavant. Pour la première fois, il est assez facile de le faire par-delà les frontières de l'âge, du sexe, de la religion, de la nationalité, etc. Comparez la situation actuelle avec celle que vos parents ou vos grands-parents ont connue. Pourquoi ne pas profiter pleinement de cette occasion unique ? Certes, les nouveaux médias sociaux ne remplacent pas l'amitié, mais ils peuvent constituer un tremplin vers de nouvelles et de meilleures relations.

Pas mal de gens se plaignent de la *forte pression sociale* que certains amis exercent sur eux. Ils se sentent opprimés, n'osent pas dire non à certaines propositions, estiment qu'ils doivent se sacrifier afin de préserver cette amitié, entendent les autres parler surtout d'eux-mêmes et découvrent qu'ils reçoivent eux-mêmes très peu d'attention… J'ose croire qu'en pareille situation vous trouverez les mots et émettrez des signaux indiquant clairement ce que vous ressentez, afin soit d'infléchir la tendance, soit de mettre un terme à une relation asymétrique ou oppressive.

Combien d'amis devriez-vous avoir ? Quelques-uns affirment que leur nombre ne devrait pas dépasser cinq. Certains se contentent d'avoir un seul bon ami, d'autres réussissent à maintenir de bons contacts avec un large éventail d'amis de différents milieux. Faites comme bon vous semble. Parfois, de prétendues amitiés peuvent être particulièrement stressantes ou accaparantes. Le nombre d'amis revêt néanmoins une certaine importance. Plus grande est leur diversité et mieux c'est, car une seule et unique relation comporte toujours certains risques. Toutefois, la qualité de vos relations devrait en général être plus importante que le nombre de relations que vous entretenez. Il vaut mieux être un ami que d'avoir un ami. Notre bonheur repose en grande partie sur la confiance et l'amitié. L'optimisme grandit à l'intérieur du cercle social que vous formez autour de vous. Connaissances, camarades, amis (et tous les degrés intermédiaires) y jouent un rôle crucial.

Il vaut mieux être un ami que d'avoir un ami.

Les cinq étapes d'une relation

La qualité de nos relations avec les autres est déterminante pour notre bonheur. Mais comment ces relations fonctionnent-elles au juste ? « Je sais que je dois me mêler davantage aux autres, me confie une dame. C'est pourquoi je suis devenue membre d'un club de marche. Je n'aime pas me promener toute seule ; ça m'a donc semblé une bonne idée de me joindre à un tel groupe pour avoir plus de contacts sociaux. Mais, en fin de compte, je me retrouve toujours en train de marcher toute seule. Je parle à des gens, mais personne n'éprouve le besoin d'entretenir un lien permanent avec moi. À chaque nouvelle excursion, c'est toujours à recommencer. » Elle en garde une pénible impression.

Lorsqu'on entend certaines conversations se dérouler sur les terrasses, on constate que les gens aiment bien passer du temps ensemble à l'occasion. Mais quel genre d'échanges ont-ils au juste ? Par moments, ils regardent dans le vide ou échangent des banalités à propos du café ou du temps qu'il fait. Certains sont proches l'un de l'autre, d'autres sont froids et distants, voire font beaucoup de bruit. Il est difficile de comprendre comment fonctionnent les relations humaines. C'est le sujet de prédilection des conversations privées, des potins, des feuilletons et des magazines populaires. C'est aussi le combat que nous livrons chaque jour. Nous sommes désespérément en quête d'un regard complice, d'une main chaleureuse ou du grand amour. Et constamment exposés à la beauté, à l'inaccessibilité ou à la fragilité des rapports humains. Qu'il s'agisse de relations entre membres d'une même famille, entre amants, entre collègues, entre voisins, entre amis et entre amis de nos amis… Chaque relation est unique, mais il convient de prendre en considération quelques grandes lignes directrices à ce sujet. Le modèle élaboré par les chercheurs Mark Knapp et Anita Vangelisti, au début du XXIe siècle, est largement reconnu dans le domaine de la psychologie interpersonnelle[27]. Les relations humaines semblent suivre des schémas et des principes généraux. Ces chercheurs n'ont toutefois pas défini la manière dont elles devraient se dérouler pour être fructueuses ; ils se sont contentés de décrire comment elles se déroulent habituellement. Ce qui est tout à fait différent. Les relations peuvent aller dans deux directions : soit les interlocuteurs se rapprochent, soit ils s'éloignent les uns des autres. Dans les deux cas, on distingue cinq étapes. Parfois les gens sautent des étapes ou certaines étapes durent beaucoup plus longtemps que d'autres, mais il s'agit néanmoins d'un modèle utile pour mieux comprendre l'évolution de nos propres relations et de celles des autres. Il s'applique aux liens d'amitié comme aux relations amoureuses.

Les cinq étapes du processus de rapprochement se nomment (en anglais) : *initiating, experimenting, intensifying, integrating, bonding*, ce qui équivaut en français à : amorce (prendre l'initiative), expérimentation (vivre des expériences ensemble), intensification (approfondir la relation), intégration (intégrer la relation à sa vie) et fusion (s'unir l'un à l'autre).

Les cinq étapes du processus de séparation se nomment (en anglais) : *differentiating, circumscribing, stagnating, avoiding, terminating*, ce qui équivaut en français à : différenciation (se démarquer de l'autre), restriction (établir des limites), stagnation (la relation semble stagner), esquive (éviter l'autre) et rupture (mettre un terme à la relation).

Comment se rapprocher l'un de l'autre en cinq étapes

❶ *Prendre l'initiative.* La première rencontre a généralement lieu de manière fortuite, que ce soit dans une salle de classe, lors d'une soirée, au moment de commencer un nouvel emploi ou d'emménager dans un nouveau quartier, etc. Lors de telles rencontres, nous suivons notre propre scénario, qui consiste en une approche que nous avons élaborée au fil du temps. Certains attendent discrètement dans leur coin, d'autres vont résolument vers les autres en leur tendant la main. Nous adaptons notre stratégie en fonction de nos expériences fructueuses, de notre tempérament ou de la manière dont les autres se comportent. Il peut s'agir d'un signe de tête poli, d'un baiser, d'une poignée de main, d'un regard, d'un contact physique. La première impression est extrêmement déterminante pour la suite de la relation. Il nous faudra beaucoup d'efforts pour modifier ultérieurement cette impression. Nos propos ont beaucoup moins d'impact que notre façon de nous exprimer et que le langage de notre corps lui-même. En quelques secondes, nous nous forgeons les uns des autres une image basée sur les impressions et les signaux inconscients les plus divers. Est-ce que vous me plaisez ou non, ou est-ce que vous me laissez indifférent ?

❷ *Vivre des expériences ensemble.* Quels sont vos passe-temps préférés ? Quelle coïncidence ! Nous ne nous connaissons pas encore, mais nous allons nous « sonder » mutuellement en abordant des sujets inoffensifs et superficiels. Le papotage sert en quelque sorte de lubrifiant. Cette démarche équivaut à ce que Knapp et Vangelisti appellent « passer une audition pour le rôle d'ami ». Nous tentons de nous découvrir des points communs et d'aborder des sujets avec lesquels nous nous sentons à l'aise. Sur Facebook, c'est ce qu'on appelle un « profil » susceptible de correspondre à celui de quelqu'un d'autre. Nous nous efforçons de la sorte de trouver des points d'entente à partir desquels nous pourrions éventuellement bâtir une relation durable. Il se pourrait toutefois que le processus d'élaboration de la relation s'arrête là. « Je vous trouve très sympa, mais je constate que nous n'avons que peu de choses, sinon rien, en commun. »

❸ *Approfondir la relation.* À présent, les choses peuvent aller en s'accélérant. Nous approfondissons et élargissons nos connaissances communes, lesquelles n'ont plus rien à voir avec la météo. Nous nous montrons en public. Nous faisons des blagues que nous seuls pouvons comprendre. Nous disons plus souvent « nous » que « je ». Tout devient plus personnel. Par conséquent, nous sommes aussi plus vulnérables. Le risque subsiste en effet que l'autre nous critique ou nous rejette. Nous cherchons un moyen de qualifier la relation ou l'amitié naissante. Quiconque veut brusquer les choses, à cette étape-ci, court le risque de mettre la relation en péril. Ce qui pour l'un n'est qu'une simple amitié peut avoir évolué en relation amoureuse aux yeux de l'autre.

❹ *Intégrer la relation à sa vie.* Nous ne nous contentons plus de nous expédier un courriel par semaine : nous prenons le temps de clavarder tous les jours. Chacun fait plus ou moins partie de la vie de l'autre. Les autres commencent aussi à le remarquer, mais cela ne nous dérange pas pour autant. Nous commençons à partager nos réseaux d'amis et de connaissances respectifs. Nous trouvons agréable de jeter ensemble un regard rétrospectif sur les rencontres, les événements et les propos qui nous ont procuré du plaisir. Nous nous rendons mutuellement visite, voulons vivre des expériences ensemble et nous rendons compte, chacun de notre côté, que l'autre nous manque. La relation elle-même devient partie intégrante de la conversation.

❺ *S'unir l'un à l'autre.* Ce ne sont pas toutes les relations qui débouchent sur une ratification formelle. Il s'agit là de la dernière étape. Les Indiens et les anciennes cultures germaniques scellaient de leur sang une amitié profonde. Ils mélangeaient leur sang afin de créer des liens fraternels avec des personnes avec qui ils n'étaient pas apparentés. Les sociétés secrètes et la mafia pratiquent encore ce genre de rituel. Parfois, des amis déchirent un billet de banque dont ils conservent chacun la moitié comme symbole de leur amitié. De nos jours, l'étape de la liaison comporte uniquement un rituel et un engagement formel, qui peuvent aller jusqu'aux fiançailles, à la cohabitation et au mariage. Bien que certains aient déjà remplacé la formule rituelle « Jusqu'à ce que Dieu ou la mort nous sépare » par « Jusqu'à ce que le tribunal nous sépare ».

Comment se séparer en cinq étapes

❶ *Se démarquer de l'autre.* De quelle façon nous éloignons-nous lentement les uns des autres ? Nous mettons davantage l'accent sur nos différences que sur ce que nous avons en commun. Nous voyons ce qui nous divise plutôt que ce qui nous unit. Nos sujets de conversation portaient autrefois sur l'équipe de football dont nous sommes tous les deux partisans ou sur notre musique préférée ; désormais, nous ne parlons plus que de nos intérêts divergents. Parfois nous changeons réellement, parfois c'est simplement notre perception des choses qui change. L'insatisfaction grandit au sein de la relation et nous prenons nos distances l'un par rapport à l'autre. L'autre devient moins intéressant et unique. Il nous arrive même parfois de nous disputer.

❷ *Établir des limites.* Nous cessons d'évoquer les points sensibles et nous contentons d'esquiver les questions litigieuses. Nous nous bornons à traiter de sujets qui ne risquent pas de susciter la polémique. Les conversations deviennent du coup plus superficielles. Nous évitons toute controverse. Cette étape marque le début de la fin de la relation. Nous nous confions de moins en moins ce que nous ressentons. Mais, aux yeux du monde extérieur, la relation demeure intacte.

❸ *La relation semble stagner.* Il n'y a plus aucune raison de parler de la relation. Nous ne lui prêtons plus aucune attention. Nous n'avons plus grand-chose à nous dire et le fait de discuter ne fait pas avancer les choses. C'est le calme plat.

❹ *Éviter l'autre.* Nous nous évitons mutuellement. Parfois, chacun va gentiment son propre chemin. Parfois, l'un fait clairement savoir à l'autre qu'il ne veut plus le voir.

❺ *Mettre un terme à la relation.* Il n'est plus question de « nous », mais de « je ». Nous mettons physiquement et mentalement fin à la relation. La chose peut se faire rapidement, car les valises sont prêtes. Il peut toutefois s'écouler des années avant que cette dernière étape ne soit franchie, par exemple lorsque l'une des parties concernées y est préparée mais l'autre non.

Lorsque les deux parties sont disposées à franchir l'étape suivante dans un sens ou dans l'autre, les choses se déroulent toujours plus rapidement que si leur rythme est très différent. Bien entendu, il y a toujours des exceptions. Mais, à une époque où les relations interpersonnelles sont devenues si importantes, il est très utile de savoir comment celles-ci fonctionnent afin de pouvoir mieux manœuvrer. Le fait de bien connaître les étapes d'une relation et les différents modèles de relations nous aide à mieux nous comprendre nous-mêmes et à mieux comprendre les autres, ainsi qu'à inscrire les succès et les échecs dans un ensemble plus vaste.

Les optimistes partent du principe que, même en matière de relations, ils sont en mesure de donner un coup de pouce au hasard. Cela peut se traduire par : aller vers les autres et construire avec plus de succès une relation au sein de laquelle toutes les parties se sentent à l'aise, mais aussi par : rompre avec dignité dans le cas où la relation n'est plus satisfaisante pour l'une ou l'autre des parties. Cela peut également vouloir dire, à un moment donné, qu'il convient de mettre un frein au processus en cours et d'imposer des limites à la relation. Le fait de comprendre les différentes étapes par lesquelles une relation passe, que ce soit dans un sens ou dans l'autre, constitue pour les optimistes un atout supplémentaire qui leur permet de mieux gérer leurs propres relations et celles des autres. Les pessimistes se contentent de suivre le cours prévisible des événements. En conséquence, ils ratent des occasions de procéder à des ajustements quand c'est encore possible, comme lorsqu'eux-mêmes ou les autres souhaitent se rapprocher ou prendre leurs distances.

Pour un dialogue fructueux

C'est reparti pour un tour. La conversation a pris la tournure d'un affrontement que vous n'avez pas désiré. Ou l'autre n'a même pas voulu écouter ce que vous aviez à dire. Comment faire en sorte d'engager un dialogue constructif ? Puisque les gens ont tendance à se renvoyer leurs émotions respectives à la figure, il vaut mieux commencer d'une manière positive. Si vous lancez d'emblée une attaque personnelle ou une accusation, soyez assuré que vous en subirez les conséquences. Concentrez-vous sur le sujet et sur l'autre (pas sur votre colère ou vos difficultés personnelles). Nous avons tous notre propre façon d'entamer une conversation. Quiconque commence par «Je pense que…» indique clairement qu'il accorde une attention toute particulière au contenu et aux arguments. Quiconque commence par «Je sens que…» tient à mettre l'accent sur les émotions et les attitudes. Un énoncé qui commence par «Je vois que…» indique que quelqu'un a le sens de l'observation et favorise une approche visuelle. Savoir détecter ces différences et agir en conséquence permet d'engager un dialogue constructif. Si l'autre personne adopte une attitude ouverte, faites-en autant. Face à une attitude fermée de sa part, adoptez tout de même une attitude ouverte, dans l'espoir qu'elle en fera autant. Ne croisez pas les bras ou les jambes. Il s'agit là d'une attitude défensive qui crée une distance entre vous et votre interlocuteur. Ne mettez pas votre main devant votre bouche. Si vous sentez que l'autre n'écoute pas ou fait autre chose, mettez fin à la discussion. Il ne pourra rien en sortir de bon. Demandez s'il ne serait pas préférable de poursuivre la conversation à un autre moment ou suggérez de tout reprendre depuis le début. *Nous interprétons tous d'une manière différente ce que nous entendons.* Il n'est pas facile d'identifier ces différences, mais, lorsqu'on procède avec précaution, cela favorise un style de communication qui permet à toutes les parties de se sentir à l'aise. Voici les quatre étapes à suivre afin de nouer un dialogue constructif. L'emploi de l'acronyme FACE vous aidera à mieux les retenir: *Focalisation* (concentrez votre attention sur l'autre et sur le sujet abordé, sans vous laisser distraire)

> – *Acceptation* (montrez par un signe de tête et un contact visuel que vous acceptez l'autre) – *Compassion* (manifestez votre intérêt, votre sollicitude et votre engagement en répétant les propos de votre interlocuteur et en posant des questions complémentaires) – *Encouragement* (montrez que vous éprouvez de l'estime pour l'autre, que vous comprenez ses arguments et que vous partagez ses émotions). L'écoute active constitue la base de toute bonne discussion. Assurez-vous de comprendre le langage (corporel) de votre interlocuteur et de parler le même langage que lui, et ne perdez pas de vue le but de votre entretien. C'est-à-dire, de préférence : trouver une solution et éprouver un sentiment partagé de bien-être.

Pour une relation constructive

Les médias ont tendance à toujours parler du nombre croissant des divorces. Mais qu'est-ce qui permet à certaines relations de s'épanouir et de durer ? Le fait de nous laisser éblouir par des films et des affiches romantiques montrant des couples en pâmoison allongés sur une plage ne nous aidera pas à progresser. Au contraire. Ce sont justement ces images irréalistes et exagérées qui engendrent la plupart des problèmes.

Barbara Fredrickson fait autorité en matière d'émotions et de sentiments. Elle a élaboré une théorie de la croissance et du développement qui explique comment les émotions positives telles que la joie, la passion, la satisfaction, la fierté et l'amour contribuent à élargir notre conscience et à nous renforcer tant sur les plans physique et intellectuel que sur les plans psychologique et social. Ceux qui en font l'expérience deviennent par conséquent des personnes de plus en plus efficaces et accomplies dans de nombreux domaines. Mais comment s'y prend-on pour jeter les bases d'une relation constructive ?

Aussi favorables que puissent être les conditions initiales, *toute relation est complexe et nécessite un investissement important de la part des personnes concernées*. La pire erreur consiste à croire que l'amour va tout arranger et que l'autre va changer. L'amour seul ne suffit pas et la seule personne que vous réussirez jamais à changer, c'est vous-même. L'amour ne peut venir à bout d'un problème d'alcool ou de manque de confiance en soi. Il est impossible d'esquiver les problèmes, mais on peut toujours essayer de limiter les dégâts. Notamment en créant un environnement sûr qui permet aux partenaires de dire ce qu'ils pensent et ressentent sans pour autant avoir à régler leurs différends sur-le-champ. Nous parvenons difficilement à résoudre nos problèmes relationnels. Quiconque vient d'une famille brisée s'efforce de ne surtout pas tomber dans les mêmes pièges. Mais les connaît-il réellement ? Même celui qui n'aura connu que le bon exemple a rarement appris comment ses parents parvenaient à résoudre leurs problèmes. Ceux-ci n'en parlaient généralement pas devant leurs enfants. Où peut-on acquérir pareilles compétences, dans ce cas ? Apparemment, nous devons apprendre par nous-mêmes, en tâtonnant.

Vous pouvez dorénavant vérifier sur Internet, à l'aide de différents tests, si vous êtes faits l'un pour l'autre. Cela pourrait vous éviter de mauvaises surprises par la suite. Ces tests portent généralement sur sept domaines précis : vos intérêts et vos activités, vos préférences sociales, vos principes et vos valeurs, la religion et vos croyances, la famille, l'argent et la façon dont vous communiquez avec les autres. Plus nombreuses sont les affinités, meilleures sont vos chances de succès. Même si certains continuent de prétendre que les contraires s'attirent. Il est toutefois permis de douter sérieusement qu'une relation fructueuse puisse en résulter.

Quiconque s'engage dans une relation s'en trouve transformé. Et même sans cela, nous changeons tous au moins tous les cinq ans de manière appréciable. Les gens changent parce qu'ils le veulent et non pas parce que *vous* le voulez. Au sein d'une relation, le plus difficile semble être de faire face à ces changements. « Je ne suis pas tombé(e) amoureux(se) de ce qu'il (elle) est devenu(e). » Il est essentiel de chercher à se comprendre soi-même et de chercher à comprendre l'autre. L'optimisme intervient ici aussi. Il ne s'agit pas seulement de la personne que l'on a connue ou que l'on connaît, mais principalement de la personne qui évolue et s'épanouit. Les pessimistes restent bloqués dans le passé. Les optimistes réservent à l'avenir une place dans le présent, même en ce qui concerne leurs relations. Cela signifie par conséquent qu'ils échangent en permanence sur des sujets tels que les conflits, les problèmes, les peurs, la confiance en soi, l'entraide, les prises de décision et les compromis, sans perdre de vue le lendemain et tout en gardant l'amour vivant entre-temps.

L'amour « conditionnel » représente la plus grande menace pour la relation : « Si tu m'aimais un peu, tu me comprendrais, tu me donnerais ce que je désire », etc. De telles déclarations expriment une attente déraisonnable qui résulte d'un manque de confiance en soi et dans l'autre. Y a-t-il une issue possible en pareil cas ? Oui. Elle consiste à faire savoir à l'autre, autant que faire se peut, quelles sont nos limites et nos propres attentes. Les relations les plus solides sont fondées sur l'union de deux personnes fortes qui s'aident à grandir à travers la relation, sans que l'une se sente opprimée par l'autre. D'où le conseil d'éviter de s'approprier sa « douce moitié », mais plutôt de s'investir chacun à 75 pour 100 dans la relation. Si vous savez que votre partenaire fait plus que sa juste part pour contribuer à la relation, il est plus facile pour vous d'en faire autant. C'est aussi une question de priorités. Nous ne nous rendons souvent compte à quel point la relation est importante pour nous que lorsqu'elle est sur le point de se terminer.

Dans toute relation, la reconnaissance, la confiance mutuelle et la confiance en soi restent les clés du succès. Si vous ne vous aimez pas vous-même, il devient très difficile pour les autres de vous apprécier. Ceux qui manquent de confiance en eux-mêmes font de mauvais choix et s'entourent généralement de personnes qui ne les respectent pas. La condition fondamentale pour pouvoir établir des compromis, c'est le respect mutuel. Dans le cas de l'intimité, c'est la confiance mutuelle. Dans son étude sur l'efficacité des relations interpersonnelles et l'épanouissement personnel, David Johnson explique que les gens attirent plus facilement ceux qui les apprécient, les aiment et les soutiennent lorsqu'ils ont d'abord réussi à renforcer le sentiment de leur propre valeur et à permettre à leurs émotions, à leurs désirs et à leurs craintes de s'exprimer. Il ne s'agit pas de quelque chose que l'on accomplit une fois pour toutes, mais qui est toujours à recommencer. Nos intérêts, nos objectifs, nos compétences, nos valeurs et nos priorités changent avec le temps. Ceux-ci déterminent en permanence pourquoi nous agissons comme nous le faisons. Ils font de nous des individus uniques et en constante évolution. Renforcer le sentiment de notre propre valeur constitue une tâche de tous les instants qui nous permet de rester authentiques et de faire preuve de compassion dans nos rapports avec les autres.

Dans toute relation, la reconnaissance, la confiance mutuelle et la confiance en soi restent les clés du succès.

Conseil de famille

Quel est le secret des familles heureuses et des personnes qui arrivent à établir des relations fructueuses ? Une bonne communication. Elles prennent régulièrement le temps de créer un environnement favorable où chacun a la possibilité d'exprimer ses sentiments, de discuter de divers problèmes et de parler de ses projets. Nous pourrions qualifier cet exercice d'« entretien préventif » visant à créer des relations saines, agréables et épanouissantes. Celui-ci consiste en un rendez-vous hebdomadaire (d'une durée de vingt à trente minutes). Il ne doit pas y avoir de confrontations (les participants se placent côte à côte ou en cercle). Chacun profite simplement de l'occasion pour exprimer ce qu'il ressent. Ceux qui écoutent résument ensuite ce qui vient d'être dit, tout en évitant de passer brusquement à l'attaque ou de chercher à se défendre. *Le but de l'opération est de montrer que nous nous comprenons mutuellement.* Cela permet d'empêcher que les relations se détériorent et que des émotions négatives viennent annihiler les effets des émotions positives. De telles discussions peuvent contribuer à briser la spirale négative bien connue qui va du repli sur soi et de l'indifférence aux malentendus, aux affrontements, aux querelles et aux menaces. Il n'est pas nécessaire que tous les désaccords dégénèrent en conflits. C'est pourquoi il est indispensable d'instaurer une base de confiance et de compréhension mutuelles. Le fait de tenir une sorte de conseil de famille en bonne et due forme aide à renforcer les relations et les liens familiaux. De telles réunions permettent non seulement de pouvoir dire ce qu'on a sur le cœur, mais aussi d'exprimer collectivement son appartenance au groupe. Ainsi, chacun peut être lui-même et devenir qui il veut être dans le cadre des échanges qui se produisent au sein du groupe. Nous voulons tous être compris et appréciés par les gens que nous aimons. Nous continuons à fréquenter les partenaires qui nous permettent de nous sentir bien dans notre peau lorsque nous sommes en

> leur compagnie. Le fait de pouvoir parler régulièrement de la relation et de nos sensations participe au maintien de relations constructives et durables.

Comment contribuer à l'éducation de nos enfants

Nous voudrions tous que nos enfants soient heureux et optimistes. Qu'ils aient de meilleurs résultats scolaires, qu'ils aient davantage d'amis, qu'ils soient moins préoccupés, qu'ils profitent davantage de la vie et qu'ils bâtissent leur propre avenir. Mais comment fait-on pour avoir des enfants optimistes ? Voici huit précieux conseils à cet égard.

❶ Évitez d'attribuer des étiquettes à vos enfants

« Bernard est craintif », « Lise est timide », « Robert doute toujours de lui », « Matthieu aime se battre »… Nous attribuons très vite des étiquettes aux enfants. Or, celles-ci ont une incidence négative sur leur développement. On sous-estime grandement les conséquences de cet étiquetage auquel se livrent parents et éducateurs. Souvent le comportement en question n'est qu'une étape du développement des enfants, mais l'étiquette qu'on leur accole devient une partie intégrante de leur personnalité. Nous contribuons de la sorte à renforcer le comportement qu'en réalité nous voulons décourager ou éliminer.

❷ Apprenez-leur à voir le bon côté des choses

La pluie nous oblige à rester à la maison ? Pas de chance. Mais voyons quelles possibilités s'offrent à nous de trouver ensemble quelque chose d'amusant à faire à l'intérieur. Nous pourrions jouer à des jeux de société, par exemple. Même dans le cas où nous nous sommes cassé une jambe, nous pouvons voir le côté positif de la situation en pensant que tous nos amis vont pouvoir apposer leur signature sur le plâtre.

❸ Aidez-les à connaître le succès

Bien sûr que vous pouvez tout faire par vous-même plus rapidement : mettre de l'ordre dans leurs affaires, trier leurs chaussettes, ranger leurs jouets. Mais si vous permettez à vos enfants de connaître le succès à partir de petites réussites, vous leur enseignerez à voir la vie du bon côté. Vous pouvez même les féliciter pour ce qu'ils font. Cela favorise leur estime d'eux-mêmes et les incite à être optimistes. Vous les aidez davantage en les encourageant activement qu'en faisant tout à leur place. Louez leurs efforts, et non leur petite personne.

❹ Sachez reconnaître leurs succès

Les enfants reconnaissent rapidement les faux éloges. N'essayez donc pas de les duper. Ne les félicitez pas pour leurs succès, mais identifiez plutôt les compétences qui leur ont permis d'obtenir de bons résultats. Déterminez avec eux quels sont leurs vrais talents. Ne projetez pas vos propres attentes sur eux, mais cherchez à découvrir dans quels domaines ils excellent et encouragez-les à continuer dans cette voie. Ne leur dites pas qu'ils sont « géniaux » dans tout. Cela pourrait ultérieurement déclencher une dépression chez eux. Cherchez ensemble à déceler les obstacles et apprenez-leur comment les surmonter.

❺ Prenez leurs sentiments en compte

Ne dites pas à vos enfants qu'il ne faut pas pleurer ou échouer. Posez-leur plutôt des questions qui vont leur permettre d'apprendre à voir le bon côté des choses. Le copain de votre fils ne veut plus jouer avec lui ? Discutez-en avec lui. Sachez identifier l'émotion qu'il ressent. Cherchez ensemble d'autres options. (« Avec qui d'autre pourrais-tu bien jouer à présent ? ») Ne tentez pas de nier l'existence des sentiments de vos enfants ; efforcez-vous plutôt de les mettre en perspective.

❻ N'insistez pas sur ce qui va mal

« Je constate que tu n'es pas content de voir que tes résultats ne sont pas ce que tu avais espéré. Peut-être était-ce tout simplement trop difficile. Tu as de meilleurs résultats d'habitude. J'ai confiance en toi. Tu réussiras mieux la prochaine fois. » Si les choses tournent mal, sachez reconnaître ce que votre enfant ressent. Rappelez-lui les moments où il a bien fait. Et mettez l'accent sur les aspects positifs ; au lieu de le culpabiliser, faites-lui entrevoir ses éventuels succès futurs. Apprendre de ses erreurs est un signe d'intelligence.

❼ Donnez l'exemple

Ce n'est pas ce que vous dites qui compte, mais ce que vous faites. Vous ne pouvez pas demander à vos enfants de manger des aliments sains si vous ne le faites pas vous-même. Que cela nous plaise ou non, nous sommes des modèles pour nos enfants. Quiconque souhaite que ses enfants soient optimistes ferait donc mieux d'adopter lui-même une attitude positive face à la vie. Si vous obtenez un succès quelconque, ne le dissimulez pas sous couvert de fausse modestie, mais mentionnez plutôt la compétence à laquelle vous avez fait appel pour y arriver. Et si les choses tournent mal, ne criez pas aussitôt à la catastrophe, mais efforcez-vous de les mettre en perspective.

❽ Apprenez-leur à être optimistes

Qu'il soit bien clair pour vous, votre conjoint, votre famille et vos enfants que l'optimisme comporte de multiples avantages et que c'est une attitude que l'on peut acquérir. Et surtout, ayez du plaisir ensemble !

Libre ou enraciné ?

« Évidemment que j'utilise les vélos de location pour circuler en ville », *fait en riant l'homme qui est assis à la table à côté de nous. Il s'agit*

d'un Bruxellois passionné par sa ville. Son compagnon de table préférerait quitter la ville : il y a trop de circulation, les logements y sont trop chers et il est difficile d'y trouver une école pour ses enfants. Il n'a que faire des vélos de location. J'essaie de déterminer qui sont les autres clients du restaurant, où ils vivent et ce qu'ils cherchent dans cette ville. Le bonheur ?

Pour la première fois de l'histoire de l'humanité, la majorité de la population de la Terre, soit plus de trois milliards d'habitants, vit désormais dans une ville. Et leur nombre augmente chaque jour. Au cours de leur quête du bonheur, beaucoup de gens se demandent s'ils le trouveront en ville ou à la campagne. La plupart des citadins considèrent que le principal avantage des villes réside dans leurs multiples atouts. Mais cet avantage rend-il les gens plus heureux ? Giampaolo Nuvolati travaille, vit et circule en voiture dans la ville animée de Milan. Il y enseigne la sociologie urbaine à l'Université Biocca ; c'est un expert de renommée mondiale dans le domaine de la qualité de vie dans les villes. « S'il y a une chose que j'ai apprise au cours de mes recherches, explique-t-il, c'est bien que la qualité de vie dans les villes est liée non seulement à l'étendue des services et des ressources qu'une ville met à la disposition de ses citoyens, mais aussi à leur accessibilité et à l'intérêt qu'ils présentent, de même qu'à la compétence et à l'habileté des gens qui les utilisent. »

Selon lui, ce n'est pas simplement une question d'« avoir », mais aussi d'« être » et de « faire ». Nous « avons » une voiture, mais, à cause de la circulation dense qui règne en ville, nous « sommes » paralysés. Nous « avons » des salles de théâtre, mais très peu d'entre nous « sont » des spectateurs réguliers. Nous aimerions aller au théâtre, mais nous n'en avons pas le temps, nous trouvons les billets trop chers ou les salles trop difficiles d'accès. Il en résulte que les gens ont de plus en plus de difficultés à tirer parti de cette abondance de ressources et à bénéficier ainsi d'une réelle qualité de vie. En particulier dans les grandes villes, où différents groupes se marchent sur les pieds : les résidents, les banlieusards, les touristes et les autres usagers des installations municipales. On trouve moins de ressources dans les petites villes, mais celles-ci sont facilement accessibles et sont immédiatement disponibles, de sorte que les conditions de vie de leurs habitants y sont meilleures. Mais s'il y a carrément pénurie de ressources de base ou de services essentiels, la qualité de vie sera alors moindre, même si ces services sont facilement accessibles. À quoi sert en effet une mairie qui est souvent ouverte et où l'on peut se garer facilement si l'on s'y rend pour rien ?

Sommes-nous plus heureux en ville ou à la campagne ? Nuvolati note que cela n'a pas vraiment d'importance tant que nous disposons des ressources suffisantes pour joindre les deux bouts et trouver un heureux équilibre entre « liberté » et « enracinement ». L'homme postmoderne doit être en mesure d'influencer son univers et non pas fuir devant la complexité de ce dernier. Il est possible de se « libérer » en effectuant des voyages et de nouvelles expériences, en nouant des relations à l'échelle internationale et en utilisant les nouvelles technologies de communication. L'« enracinement » se produit lorsqu'on se consacre à sa famille et à ses amis, lorsqu'on développe son identité personnelle et sociale et lorsqu'on renforce ses réseaux locaux. Il est possible d'embrasser ces deux concepts tant à partir de la ville que du village. Mais peut-être avez-vous tendance à vous sentir plus « libre » en ville et plus « enraciné » à la campagne ? En ce sens, la lutte entre la ville et le village est également le reflet de la bataille qui se livre à l'intérieur de nous.

La lutte entre la ville et le village est également le reflet de la bataille qui se livre à l'intérieur de nous.

Je suis tel un villageois cherchant un équilibre précaire dans un restaurant international du centre-ville. Et regardant autour de lui afin de découvrir qui est également à la recherche du bonheur. Je ne sais trop de quel côté tourner mon regard : dans la direction du village ou de la ville ? Mais quelle que soit la direction, je vois des gens souriants assis à table.

*« Les optimistes
donnent
un sens à leur vie. »*

OPTIMISTE
otivation

« Il existe une différence entre une bonne vie et une vie qui a un sens, explique Martin Seligman. Mener une bonne vie consiste à trouver le bonheur en utilisant chaque jour ses compétences de base dans tous les domaines de la vie. Une vie pleine de sens comporte un ingrédient supplémentaire, lequel consiste à mettre en tout temps ses énergies au service de la connaissance et de la bonté. » Ces deux composantes se retrouvent également dans cette définition du bonheur : *feeling good while doing good* (se sentir bien tout en faisant du bien).

Les normes sociales (qui définissent ce qui est permis et ce qui ne l'est pas) sont moins importantes que les valeurs sociales (les idéaux que nous entendons poursuivre collectivement), à savoir : la liberté, la paix, l'égalité, la justice, le bonheur, l'amour, le respect, etc. Mais « *tout ce qui a de la valeur est sans défense* ». Nos idéaux sont magnifiques et fragiles, mais ils sont incapables d'assumer leur propre défense. Par conséquent, quiconque estime que sa vie et celle des autres sont précieuses fera volontairement en sorte de protéger les valeurs qui permettent à tous et à chacun de mener une vie constructive.

L'association internationale Optimistes sans frontières verrait d'un très bon œil que tous deviennent citoyens de l'« Optimistan », qui est un « État métaphorique sans territoire » que ses membres définissent comme un « état de conscience[28] ». « *L'optimisme relève d'une décision consciente* qui demande de l'entraînement, des efforts et de l'autodiscipline, disent-ils. Tant que nous tenons les autres ou les circonstances pour responsables de nos malheurs et de nos difficultés, nous ne pouvons pas améliorer notre sort. L'optimisme repose sur des valeurs et sur la confiance. C'est pourquoi nous œuvrons à la construction d'un monde plus beau, plus juste et plus humain pour tous. »

Êtes-vous courageux ?

L'auditoire écoute, captivé, le récit de Robert Biswas-Diener. On le surnomme parfois « l'Indiana Jones de la psychologie positive ». Il est le fils d'Ed Diener, le père de la recherche sur le bonheur. Il n'était encore qu'un jeune enfant lorsque ses parents l'ont emmené avec eux en Amérique du Sud, où ils ont descendu l'Amazone en pirogue aux fins d'une enquête sur le bonheur des populations qui vivent dans cette région. Plus tard, lui-même est allé à la rencontre des Inuits et des Amish, ainsi que des enfants des rues en Inde et des tribus du Kenya. Je l'ai invité en Europe au congrès sur le bonheur au cours duquel nous avons procédé au lancement du *Grand livre du bonheur*, un projet auquel il a participé avec enthousiasme. Nous avons passé une semaine ensemble. Il mène actuellement une étude sur le courage. Jusqu'à quel point sommes-nous courageux ? Comment le prouver ? Il est difficile de trouver les bons mots pour décrire cette notion. « Beaucoup de gens manquent de courage, affirme-t-il. J'ose prétendre que je suis un homme courageux et plein d'humour. Mais certains ont souvent tendance à faire preuve de fausse modestie. Il est vrai qu'on règle rapidement son compte à celui qui ose se vanter. Quand on s'élève au-dessus de la foule, on doit en payer le prix. »

Biswas-Diener donne des conférences très courues dans le monde entier. Mais n'espérez pas de lui qu'il vous montre des graphiques compliqués. Il relate surtout des anecdotes. Par exemple, il raconte comment il s'est retrouvé en difficulté au Groenland en voulant franchir seul un glacier. Il a malheureusement dû rebrousser chemin. Il a toutefois fait en sorte de ne pas voir la chose comme un échec mais comme un acte de courage. (« J'ai compris que j'avais tout simplement remplacé un objectif par un autre. Mon nouvel objectif était de revenir à bon port, d'être prudent afin de rester en vie et de revoir ma femme et mes enfants, un objectif tout aussi louable que le précédent. Par la flexibilité de ma pensée, je pouvais reconsidérer ce que j'avais ressenti d'abord comme un fiasco et réinterpréter mon escapade comme un succès. »)

Il rapporte aussi qu'il est allé à la rencontre d'une tribu isolée du Kenya dont les membres n'avaient guère besoin de son étude sur le bonheur. *Ils lui ont demandé : « Es-tu courageux ? » Il a répondu : « Oui. » Et il le pensait vraiment.* Après tout, il était allé dans bien des endroits inhospitaliers et, cette fois encore, il avait réussi à se frayer un chemin jusqu'à eux. « Es-tu capable de tuer un lion ? » lui ont-ils demandé. « Je ne le crois pas », a-t-il admis. « Alors tu n'as rien à faire ici », lui ont-ils répliqué. Il leur proposa de les suivre juste au moment où ils s'apprêtaient à initier un jeune homme, qui devait accompagner la tribu dans la forêt et tuer un lion de ses propres mains. Le groupe délibéra afin de déterminer s'il pouvait les suivre. C'était hors de question. Quiconque est incapable de tuer un lion au cours d'une telle expédition représente un danger pour lui-même et pour les autres. Notre intrépide explorateur était bien embêté. « Mais je suis quelqu'un de courageux », finit-il par déclarer. Le groupe délibéra de nouveau et lui proposa de se faire une marque sur la poitrine au moyen d'une lance dont le fer aurait été préalablement chauffé à blanc. Robert ne se dégonfla pas et rassembla son courage. C'était le moment ou jamais de prouver qu'il était brave. Finalement, la pointe de la lance lui pénétra la chair. Il n'avait jamais ressenti une telle douleur de toute sa vie. Mais il avait réussi l'épreuve. « Bien, firent les guerriers. Le rituel comporte dix brûlures semblables, toutes au même endroit. » Il a cru qu'il allait en mourir. Mais il ne pouvait plus reculer. La brûlure lui fit encore plus mal la deuxième fois. « Mais, à partir de ce moment-là, ça allait mieux », dit-il en riant. Il me montre la marque sur sa poitrine. « Je suis quelqu'un de courageux », affirme-t-il. Après cet épisode, il a pu demander aux membres de la tribu tout ce qu'il voulait. Y compris les interroger au sujet du bonheur.

Seriez-vous capable de tuer un lion ?

Quelle force se dissimule en vous ?

Au cours d'une conférence, je demande parfois aux gens présents dans la salle de se lever et de former un tandem avec une personne qu'ils ne connaissent pas. Cela provoque toujours un peu d'agitation, mais les gens sont tout à fait disposés à faire cet exercice que j'ai appris lors d'un congrès au Népal. « Pendant trente secondes, regardez dans les yeux la personne qui se trouve en face de vous. » Il s'ensuit aussitôt un rire gêné dans la salle. Personne n'est spontanément enclin à faire ce genre de chose. Nous n'y sommes pas habitués, même avec un partenaire intime. Mais les participants finissent par s'exécuter. Je leur signale que la plupart des gens passent trois heures par jour à regarder la télévision. Cela ne leur fera donc pas de tort de regarder quelqu'un dans les yeux pendant trente secondes pour une fois. Je leur demande de ne pas faire rire l'autre ni de le menacer.

Juste de l'observer silencieusement. C'est très difficile, car ces trente secondes semblent durer une éternité. Je les invite ensuite à déceler quelque chose de positif dans le regard de l'autre et de décrire la force qui en émane. Il se produit un moment d'intense émotion dès que chacun déclare ce qu'il perçoit chez l'autre. Ce dernier ne peut pas nier l'existence de la force ainsi détectée. Il lui faut bien l'accepter, puisqu'il s'agit de quelque chose que son vis-à-vis a discerné en lui.

Le meilleur moment que j'ai vécu à cet égard, c'est lorsque deux femmes qui ne se connaissaient pas du tout sont venues me trouver après une conférence. Le hasard les avait amenées à se regarder trente secondes dans les yeux. Soudain, l'une d'elles avait déclaré : « Je connais vos yeux. » C'était impossible, puisque les deux femmes étaient persuadées qu'elles ne s'étaient jamais rencontrées auparavant. « Mais je connais vos yeux », a continué de répéter la dame en question. Lorsqu'elles ont commencé à examiner en profondeur leur passé respectif, il est apparu que cette dernière avait été femme de ménage dans la maison de retraite où la mère de l'autre femme avait séjourné. Or, une photo de sa fille était posée sur l'armoire de la chambre de la vieille dame. Et la femme de ménage avait reconnu les yeux de cette fille, car elle essuyait chaque semaine la poussière qui se trouvait sur la photo. Voilà qui illustre bien à quel point un regard peut marquer les esprits.

D'habitude, les gens se souviennent pendant des mois de la présence de la force qu'un inconnu a décelée en eux et décrite ensuite. Ils prennent conscience du fait qu'ils font rarement cet exercice avec leur conjoint, leurs enfants, leurs amis, les membres de leur famille ou leurs collègues. Cet exercice consiste simplement à décrire une force positive que possède l'autre et qui émane de lui. Tout le monde possède ce genre de force intérieure. Mais, bien souvent, nous n'avons pas les mots pour la décrire. Voici un aperçu du « *Feedback Game*[29] », un jeu de cartes qui permet de déterminer quelles sont vos forces et vos faiblesses.

Essayez d'identifier vos forces et vos faiblesses, ainsi que celles des autres.

Voici une liste de *67 qualités*. Parcourez-les. Découvrez quelles sont les qualités que vous possédez et quelles sont les qualités que vous attribueriez aux personnes de votre entourage. Elles sont beaucoup plus nombreuses que vous ne le pensez.

intrépide	direct	doux	stimulant
compréhensif	discipliné	indépendant	empathique
calme	réaliste	logique	zélé
idéaliste	médiateur	tolérant	courageux
franc	diplomate	enjoué	déterminé
habile	observateur	ferme	épicurien
équilibré	organisateur	déductif	confiant
optimiste	sensible	honnête	alerte
entreprenant	respectueux	capable de relativiser	vigoureux
spirituel	intelligent	polyvalent	généreux
spontané	convaincant	patient	content
souple	accommodant	loquace	amical
compétent	perspicace	serviable	ambitieux
dévoué	prudent	joyeux	fiable
responsable	sérieux	prévenant	fonceur
enthousiaste	pragmatique	curieux	cordial
précis	modeste	créatif	

Peut-être auriez-vous également intérêt à explorer le revers de la médaille ? Parmi la liste des défauts suivants, lesquels considérez-vous être les vôtres ou ceux des gens qui vous entourent ?

inconstant	soupçonneux	indécis	cynique
caméléon	confus	timide	lent
distant	pessimiste	négligent	querelleur
angoissé	hypersensible	envahissant	imprudent
indifférent	déraisonnable	impatient	paresseux
bavard	imprévoyant	entêté	rouspéteur
jaloux	irascible	avide	renfermé
méchant	égoïste	effronté	grossier
plein de préjugés	indiscret	autoritaire	arrogant
hésitant	agressif	embêtant	méprisant
pessimiste	fanatique	inhibé	incapable d'écouter
incapable de dire non	rancunier	ennuyeux	mesquin
critiqueur	susceptible	rebelle	naïf
maladroit	indiscipliné	mécontent	vantard
intolérant	dépendant	superficiel	téméraire
hypocrite	servile	rigide	passif
sévère	inconsistant	évasif	mystificateur
dépensier			

Il est utile de savoir reconnaître et identifier ses points faibles et ceux des autres. On peut dès lors s'exercer à faire le contraire. Souvent, les gens sont prompts à s'accoler à eux-mêmes ou à accoler aux autres des étiquettes telles que « susceptible » ou « arrogant ». À partir de ce moment, il devient souvent impossible de se voir ou de voir les autres autrement qu'avec une étiquette sur le front. Tous nos faits et gestes sont interprétés à la lumière de ce préjugé. Dès lors, comment est-il encore possible pour quelqu'un d'accomplir quoi que ce soit de bon, de se développer ou de changer ?

Nous connaissons tous le pouvoir de l'humour. Parmi la liste des principales qualités que devrait posséder un bon conjoint, un bon enseignant, un bon collègue ou un bon patron, avoir un bon sens de l'humour figure presque toujours dans le trio de tête. On pourrait penser que nous devrions par conséquent consacrer suffisamment de temps à l'enseignement d'une matière aussi importante. C'est plutôt le contraire qui se passe. Les enfants et les élèves dits « difficiles » sont souvent très drôles. Ils réagissent rapidement, voient clair à travers les situations, savent mettre les choses en perspective, possèdent une bonne maîtrise du langage et sont créatifs et actifs. Mais combien de fois pensez-vous qu'un tel talent est reconnu, signalé, mis en valeur ou vanté ? Cela s'applique également à toute autre qualité figurant sur la liste. Quelqu'un vous a-t-il déjà complimenté pour votre modestie et vous a-t-il déjà signalé qu'il s'agit d'une qualité sur laquelle vous pouviez réellement compter en vue d'atteindre un objectif ?

Je le mérite

Qu'en est-il de votre estime de vous-même ? Comment voulez-vous demander aux autres de vous respecter si vous ne vous respectez pas vous-même ? Comment vous percevez-vous vous-même ? Comme quelqu'un de bien et une personne accomplie ou comme un perdant pathétique ? Parmi les dix énoncés suivants, combien expriment votre opinion à votre sujet ? Plus de la moitié ? Si oui, vous êtes sur la bonne voie !

1. Je suis capable de faire mes propres choix et de prendre mes propres décisions.

> ② Je suis libre de choisir mon mode de vie et de subvenir à mes besoins personnels.
> ③ Je sais pardonner aux autres et comprendre leurs motivations.
> ④ Je mérite d'être heureux et de réussir ma vie.
> ⑤ J'ai le pouvoir de me changer.
> ⑥ Je suis quelqu'un de flexible et d'ouvert au changement.
> ⑦ J'ai établi un plan d'action, mais je pourrais l'adapter au besoin.
> ⑧ Je suis conscient qu'il n'est pas nécessaire que tout soit parfait.
> ⑨ Je mérite d'être aimé.
> ⑩ J'ai le choix d'adopter un mode de vie plus optimiste.

Le besoin de se rattacher à des valeurs

« Je ne suis pas croyant, me confie un ami, mais le plus beau matin que j'ai vécu ces derniers mois, c'est lorsque je me suis retrouvé, dès l'aurore, en compagnie de mon fils dans la chapelle d'un monastère situé loin d'ici. Tout était silencieux. La lumière filtrait à travers les vitres. Et nous observions tous les deux ce spectacle avec étonnement. Comme si tout s'harmonisait. »

Ce qu'il considère comme important dans sa vie ? Le silence, l'harmonie, l'unité, la beauté, la simplicité, l'équilibre. Ce genre de valeurs, quoi. D'autres estiment plutôt que l'important c'est l'aventure, l'action, le succès, la controverse, le pouvoir, l'égalité, la nature, le désir de gagner, l'argent, la connaissance, le fait d'être apprécié, la fidélité ou l'amour. Tout le monde est différent.

OPTIMISTE

> Sans trop y réfléchir, notez par écrit cinq valeurs auxquelles vous accordez de l'importance, auxquelles vous aspirez et que vous voulez embrasser. Prêt ?
>
> ....
>
> ....
>
> ....
>
> ....

Cette liste vous donne un aperçu de ce que vous êtes et des principes qui vous guident. Il s'agit de vos valeurs personnelles. Une telle liste vous indique quelles sont vos priorités. Ces valeurs déterminent dans une large mesure les choix que vous faites sans arrêt, consciemment ou inconsciemment. Nos choix reposent en effet sur des valeurs.

Dans le cadre d'un grand sondage national portant sur les valeurs, le Mouvement sans nom a demandé à des milliers de Belges quelles étaient leurs principales valeurs personnelles. Voici les dix valeurs sélectionnées : l'honnêteté, le respect, l'amitié, la famille, le fait d'accorder de l'importance à chacun, l'écoute, la santé, la responsabilité, la confiance et une attitude positive. Est-ce que vous vous reconnaissez un tant soit peu dans ces valeurs ?

Les valeurs ne font pas seulement partie du domaine privé. Elles constituent également des idéaux et des objectifs que la société juge utile de poursuivre. Il s'agit de nos croyances communes ayant trait à ce qui est désirable. Certaines diffèrent à cause de nos antécédents culturels ou religieux. *Souvent, différentes personnes considèrent les mêmes valeurs d'une manière différente.* Ainsi, à la fois les partisans et les adversaires de l'euthanasie et de l'avortement invoquent le concept de « respect » à l'appui de leur argumentation.

Notre système de valeurs peut par ailleurs changer au fil du temps. Parfois, par exemple, l'instinct de conservation ou le désir de posséder des biens et d'en jouir l'emporte sur tout le reste. À d'autres moments, l'accent est mis sur les expériences personnelles ou l'épanouissement personnel. Il existe néanmoins des valeurs intrinsèques telles que l'amour, la liberté, la justice, etc., qui, même si elles ne déterminent pas toujours le comportement réel et temporaire des individus (notamment en temps de guerre), n'en conservent pas moins tout leur sens.

Notons au passage que, parfois, *nous ne reconnaissons pas parmi nos valeurs personnelles les valeurs généralement admises par la société dans laquelle nous vivons.* C'est ainsi qu'une femme loquace a affirmé aux nouvelles, à propos d'un dimanche gâché à cause de la neige et où les commerces étaient exceptionnellement ouverts, qu'elle avait trouvé cette neige dégoûtante et qu'elle s'était réfugiée par plaisir dans une boutique de vêtements. De mon côté, ravi par cette neige, j'étais allé faire une promenade cet après-midi-là, car je ne vois pas ce que diable il peut y avoir d'amusant dans un magasin de vêtements éclairé au néon. Je présume que les listes sur lesquelles figurent nos valeurs et nos priorités respectives diffèrent sensiblement.

Dans le cadre du sondage national sur les valeurs, on a également demandé aux gens quelles valeurs notre culture générale devrait poursuivre. Faites d'abord cet exercice vous-même. Puis voyez quelles sont les dix principales valeurs communes auxquelles nous aspirons : l'honnêteté, le souci des générations futures, une prise de conscience environnementale, le respect, la qualité de la vie, des soins de santé efficaces, la réduction de la pauvreté, des logements abordables, la paix et une prise de conscience concernant ces valeurs. Un programme exemplaire derrière lequel nous pourrions tous nous rassembler. Mais est-ce le cas ? Pour le savoir, on a également interrogé la population à propos des valeurs présentes dans notre culture actuelle. Aucune des valeurs jugées souhaitables ne figure dans cette liste : le matérialisme, le gaspillage, les conflits, l'agressivité, la vision à court terme, la bureaucratie, la pollution, etc. Il existe par conséquent un écart considérable entre ce que nous voyons se produire tous les jours dans notre société et ce que nous estimons être approprié. Les politiciens qui se plaignent du manque de « confiance » à leur égard pourraient, par exemple, essayer eux-mêmes de moins éveiller la « méfiance » de leurs électeurs. « N'écoutez pas ce que je dis, regardez ce que je fais. »

> *Il existe un écart considérable entre les valeurs en vigueur dans notre société et les valeurs auxquelles nous aspirons.*

Quiconque est conscient de ses valeurs personnelles et de celles de la société peut, tout en s'efforçant de vivre conformément à ce qui a une valeur réelle à ses yeux, se pencher sérieusement, après les avoir répertoriées, sur les différences qui existent entre les valeurs actuelles et les valeurs auxquelles il aspire, tant sur le plan personnel que sur le plan social. Ce n'est que de cette façon que vous serez en mesure de faire les bons choix concernant votre travail, votre mode de vie, vos relations, vos loisirs et la façon dont vous désirez mener votre vie.

Quels étaient vos rêves d'enfant ? Que rêviez-vous de devenir ?

Il ne s'agit pas ici d'un métier précis (un enfant ne connaît qu'un nombre limité de professions), mais de la motivation qui se trouvait derrière vos rêves d'enfant (aider les autres, monter sur scène, diriger, démonter divers appareils, mettre de l'ordre, être bon, acquérir des connaissances, susciter les applaudissements, rendre service, transmettre des connaissances, s'amuser, changer le monde, découvrir le monde, réaliser des choses, construire, assembler, créer, faire des choses ensemble, etc.). Ces choses sont-elles encore importantes pour vous aujourd'hui ? Quelles sont vos véritables priorités et est-ce qu'elles correspondent aux choix que vous faites présentement ?

Une « belle mort »

Un de mes amis habite en Chine. Il s'appelle Samuel Ho et enseigne la psychologie à Hong Kong, où il a mis sur pied le premier laboratoire de psychologie positive. Aussitôt, ses collègues lui ont suggéré d'installer un laboratoire de psychologie négative juste en face. Ils le pensaient sérieusement. Pour eux, le yin et le yang sont inextricablement liés.

Pour le lancement du *Grand livre du bonheur*, j'ai invité Samuel à venir en Europe. C'était sa première visite sur notre continent. Pendant une semaine, nous avons parcouru ensemble les villes et les villages, de même que la région où je suis né. Chacun de nous ayant une manière différente de regarder la même réalité, j'ai beaucoup appris de lui à ce moment-là.

Il m'a expliqué que, pour les Chinois, le bonheur est composé de quatre éléments. Les trois premiers ne m'ont pas étonné : la santé, la richesse et la longévité. *Mais le quatrième élément m'a fait sursauter.* Ils l'appellent « une belle mort ». Au cours de toutes mes recherches sur l'optimisme et le bonheur, j'ai rarement rencontré cette notion dans la culture occidentale. Nous, Occidentaux, préférons garder le silence à propos de la mort. Et nous n'avons aucunement l'intention de l'intégrer dans notre définition du bonheur. Les Chinois, eux, le font avec insistance.

Fu, le mot chinois qui sert à désigner le bonheur, se prononce de la même façon que le mot « chauve-souris ». Par conséquent, ces deux notions sont étroitement liées en Chine, où l'on trouve des porte-bonheur de toutes les formes et de toutes les tailles à l'effigie de chauves-souris. Si l'on reçoit une carte comportant cinq chauves-souris, celles-ci symbolisent les cinq bonheurs terrestres, à savoir les quatre déjà mentionnés, auxquels vient s'ajouter la vertu. Une belle mort ou une mort douce étant de toute façon contenue dans toute définition du bonheur.

Nous savons que nous allons tous mourir. C'est à peu près notre seule certitude. Pourtant, nous sommes consternés chaque fois que quelqu'un meurt. Dans la mythologie grecque, Tithon se voit accorder l'immortalité, mais pas l'éternelle jeunesse. Il demeure en vie, mais est transformé en cigale. Afin de ne pas susciter de faux espoirs, cette histoire renferme la leçon suivante : ne cherchez pas à vous survivre à vous-même.

Sur les berges de la rivière à Katmandou, au Népal, j'aperçois des fils aînés qui arrivent en voiture avec le cadavre de leur mère ou de leur père décédé le jour même. Ils l'enveloppent dans un drap et le font glisser le long de la rive escarpée jusqu'à ce que les orteils touchent l'eau. Puis ils posent le cadavre sur des billots de bois et y mettent le feu. Ce petit rituel a lieu tandis que la vie se déroule normalement juste à côté. Le long du quai, les cadavres brûlent, les enfants se rendent à l'école avec leur cartable, les femmes font la lessive. Nous observons la scène sans comprendre. Nous parlons de la mort. Chez nous, nous suivons de longues processions funéraires derrière des corbillards qui se dirigent vers le cimetière ou le crématorium. Nous causons par la suite en dégustant un café et un gâteau. Ainsi va la vie, ainsi va la mort.

Si une belle mort et une mort douce constituent pour le peuple chinois un élément essentiel du bonheur, qu'entendent-ils par là ? Dans le monde entier, les gens ont toutes sortes de manières différentes de faire face à la mort. Mais, aussi différents que soient les rituels et les cultures, *les idées sur ce qui constitue une bonne ou une mauvaise mort sont assez semblables partout dans le monde.* Il existe trois peurs fondamentales : l'homme a peur de mourir seul, subitement et loin de chez lui. Le sociologue britannique Clive Seals a mené une étude approfondie sur cette question. « Certains idéaux concernant une belle mort semblent presque universels, déclare-t-il : mourir chez soi après une longue vie bien remplie, sans être trop malheureux ou sans trop souffrir, après avoir fait la paix avec son entourage et en ayant au moins une certaine emprise sur ce qui arrive. » Voilà ce qu'est une belle mort. Tout le monde s'entend également à peu près sur un autre point : le contraire constitue, sans surprise, une mauvaise mort. Mourir seul et abandonné de tous représente une sorte de scénario d'horreur universel. L'idée de nous retrouver complètement isolés des autres et de ne plus pouvoir nous raccrocher à notre réseau social, à la fin de notre vie, nous remplit d'angoisse. Mourir loin de chez soi représente également une mauvaise façon de rendre l'âme. Tout comme mourir subitement des suites d'un grave accident et dans d'atroces douleurs.

L'homme a peur de mourir seul, subitement et loin de chez lui.

Dans la mesure où nous parvenons à faire une place à la mort et à l'agonie, nous pouvons aussi nous en accommoder. Pour ce faire, chaque individu et chaque société font appel à leur propre histoire chargée de sens et à un scénario culturel généralement admis. Garder le silence à ce sujet est un signe de faiblesse. Les gens qui cherchent le bonheur s'efforcent tout au long de leur vie de réserver une place significative à la mort. Aussi difficile, pénible ou éprouvant que cela puisse parfois être.

Le pouvoir de la nature

Les enfants qui ne se salissent jamais tombent plus rapidement malades que les autres. Par contre, les personnes qui ont régulièrement les mains dans la terre de leur jardin économisent le coût d'un antidépresseur. Ceux qui possèdent un jardin le savent déjà : le jardinage a des effets positifs sur le psychisme. La chose est maintenant prouvée scientifiquement.

Chris Lowry, de l'Université de Bristol, a découvert que *Mycobacterium vaccae*, une bactérie présente dans le sol, la poussière et la saleté, a un impact positif sur le fonctionnement de notre cerveau. Cet effet serait similaire à celui de la sérotonine, la substance capable d'influer positivement sur notre humeur et qui entre dans la composition de bon nombre d'antidépresseurs. Cette bactérie stimule en outre le système immunitaire de notre corps. D'autres études ont montré que les enfants qui grandissent dans un environnement trop salubre en subissent les conséquences. Si vous n'entrez jamais en contact avec des microbes, votre système immunitaire ne pourra pas se renforcer. Les microbes sont souvent des spécialistes du recyclage. Ils décomposent la matière organique morte et la transforment en matière utile.

La Société royale d'horticulture du Royaume-Uni a mené une enquête de grande envergure sur les effets des jardins scolaires. *Les résultats sont étonnants.* Les enfants qui avaient appris à travailler la terre étaient plus calmes, plus vigoureux et en meilleure santé. Les petits enfants ont appris au contact des insectes à surmonter leurs premières craintes. D'autres ont appris à attendre patiemment que les légumes poussent et que la moisson soit mûre. Ils ont aussi appris à manger des légumes qu'ils n'auraient pas connus ou appréciés autrement. Ils ont appris à respecter ce qui vit et qui pousse, à résoudre des problèmes, à prévoir des résultats, à prendre en considération les phénomènes naturels imprévisibles, etc. Les enseignants qui ont intégré efficacement cet outil dans leurs cours et l'ont utilisé à diverses fins pédagogiques ont pu constater non seulement un regain d'intérêt de la part des enfants, mais aussi un accroissement de leur bien-être et de leur confiance en eux-mêmes. Jardiner nous rend plus heureux.

Parfois, il suffit simplement de s'asseoir dans l'herbe et de profiter de la nature. Les nuages, la verdure et la nature nous apaisent et nous aident à oublier rapidement nos problèmes et à les relativiser. *Quiconque aide la nature en jardinant double toutefois son plaisir en ce faisant.* Les personnes qui jardinent activement semblent avoir des niveaux moins élevés de cortisol (l'hormone de stress) dans leur salive, ils se sentent souvent de bonne humeur et ils sont plus en mesure de se concentrer. Tandis qu'ils plantent, creusent et cueillent, ils parviennent à faire l'expérience du « flux[30] » : souvent, leur passe-temps est si passionnant et si stimulant qu'ils en oublient le temps qui passe. Vive les mains sales !

Quiconque veut bien prendre le temps de discuter avec un jardinier, un agriculteur ou un administrateur de parcs naturels sera généralement surpris par leur grande sagesse. Les « mains vertes » ont le pouvoir d'influencer notre cerveau. En Irlande, Finbarr Brereton effectue des recherches sur les effets de l'environnement sur notre bien-être subjectif. L'Irlande est au nombre des vingt pays dont les habitants sont les plus heureux. La couleur nationale est le vert et, d'après ce qu'on dit, on trouverait dans le pays plus de quarante nuances de vert. Les Irlandais peuvent donc en parler en connaissance de cause. Finbarr Brereton note que *nous sous-estimons constamment l'importance de la nature*, peut-être parce qu'il s'agit d'un bien « public » qui est gratuit. Elle est simplement là, on n'a pas à payer pour en profiter et, par conséquent, beaucoup de gens ne font pas du tout attention à elle. Nous ne nous contentons plus de l'admirer en silence. « Contrairement aux produits de consommation courante tels que les voitures et les téléviseurs, dit-il, les produits environnementaux tels que l'air pur et de beaux paysages ne sont pas vendus sur le marché libre. Même s'ils sont indispensables au développement durable et à la qualité de la vie. La plupart des gens ont tendance à sous-évaluer les produits environnementaux et à leur accorder moins d'importance que ne leur en attribuerait une estimation faite sur la base de leur valeur réelle. Ils ne se rendent en outre pas compte à quel point un simple contact avec la nature peut rendre heureux.»

Les « mains vertes » ont le pouvoir d'influencer notre cerveau.

De plus, devant les exigences des consommateurs, les choses ont commencé à déraper. Nous ne voulons pas manger de légumes qui ont des défauts ou de pommes de terre trop anguleuses. Une nouvelle forme de dictature est en train de faire son apparition : les légumes doivent partout et toujours avoir un look « parfait ». Lors de la récolte, près d'un tiers des pommes de terre ne sont même plus ramassées parce qu'elles ne correspondent pas à l'image idéale de la belle pomme de terre ovale. Avant d'arriver jusqu'au consommateur, les tomates doivent passer au scanner couleur. Si elles n'ont pas la bonne couleur, elles vont directement au dépotoir. Quinze pour cent de nos légumes sont ainsi rejetés pour une simple question d'esthétique. Quiconque cultive ses propres légumes ne doit pas se laisser émerveiller par ce que proposent les supermarchés. Ce n'est qu'en reprenant contact avec les jardins, les champs et la nature que nous pourrons également établir des priorités dans ce domaine et choisir des denrées alimentaires qui sont nutritives, intéressantes et consistantes.

Sachez profiter de la vie

« Savez-vous quel est le problème des gens à l'heure actuelle ? Ils sont incapables de profiter de la vie ! » Cette tirade extraite d'une discussion récente danse encore dans ma tête au moment où je tombe sur le magazine *Genieten*[31] dans le kiosque de la gare. Il est donc à vendre, me dis-je. Au prix de 4,95 €.

On trouve sur la couverture du magazine quatre grandes lignes directrices visant à nous permettre de profiter pleinement de la vie :

- Vivez lentement
- Recherchez le silence
- Les produits faits à la main : un vrai luxe !
- La cuisine lente : un gage de saine alimentation[32]

Est-ce que ces slogans vont nous permettre de découvrir le secret de l'optimisme ?

Vivez lentement ?

Nous vivions lentement autrefois. Tout fonctionnait alors au ralenti. Nous devions marcher ou prendre le vélo. Si nous voulions téléphoner, nous devions aller chez les voisins ou nous rendre dans une cabine téléphonique. Le service Telbus[33] n'existait pas. Les traversiers et les tramways n'étaient pas très rapides. On se rendait en Angleterre en bateau. Puis, tout à coup, tout s'est mis à aller très vite avec l'arrivée du TGV, du courrier électronique, des téléphones mobiles, des portions de routes réservées au dépassement, des appareils photo instantanés, des services de distribution de plis et de colis, du saut à l'élastique et des « rencontres express » (*speed dating*). Nous sommes montés tous ensemble dans les montagnes russes de la vie. Or, il semble à présent que le bonheur véritable se trouve dans tout ce qui bouge lentement. Nous fonçons sur l'autoroute afin d'aller faire la file pour prendre un train à vapeur qui traverse une vallée lointaine où le temps s'écoule lentement et doucement. Et nous tombons à la renverse chaque fois que nous recevons une lettre que quelqu'un a pris le temps d'écrire à la main.

Recherchez le silence ?

Tout était calme autrefois. On pouvait entendre le tic-tac de l'horloge dans la maison, adresser la parole à un inconnu dans la rue et entendre le coucou et les grenouilles dans la forêt. Du moins jusqu'à ce que nous ayons un urgent besoin de décibels, de machines de forage, de moteurs à réaction, de super camions, de logiciels de réduction du bruit présent dans les images, d'environnements sonores, de musique d'ambiance, d'iPods et de sonneries de téléphones portables. Nous nous sommes détournés en masse de nos semblables par le biais de casques d'écoute et d'oreillettes musicales. Le calme ne règne jamais dans nos têtes. Le magazine a fait un tour d'horizon des dix derniers lieux de villégiature où il est possible de jouir du calme et de la tranquillité moyennant beaucoup d'argent. Afin d'écouter le silence. Et d'en profiter pour marcher pieds nus dans des sentiers et faire des balades en bateaux silencieux le long des plaines inondables de rivières oubliées. Le silence est désormais hors de prix.

Les produits faits à la main : un vrai luxe ?

Autrefois, nous ne connaissions rien d'autre que des produits faits à la main. Ma mère tricotait mes pulls elle-même. Lorsque mon père jouait le rôle de saint Nicolas, la peinture des marionnettes qu'il utilisait était encore fraîche. Mais, par la suite, nous sommes tous allés chez C&A, H&M, Blokker et Ikea. Nos vêtements, nos maisons, nos jouets et nos outils ont partout et toujours le même aspect. Les cordonniers, les tailleurs, les menuisiers et les forgerons pourraient bien être obligés de fermer boutique avant longtemps. Et nous sommes désormais disposés à payer un supplément pour tout ce qui est fait à la main. Parce que ce sont des produits uniques qui n'ont pas l'odeur des machines mais du savoir-faire humain.

La cuisine lente : un gage de saine alimentation ?

Nous avons toujours mangé des aliments cuits à petit feu. Il fallait faire cuire, rôtir, bouillir et mijoter les aliments pendant des heures. Nous prenions le temps nécessaire pour bien nous alimenter. Mais la restauration rapide, les soupes instantanées, les magasins ouverts jusque tard le soir et les plats préparés ont fini par nous entraîner dans le tourbillon des nations. L'ouverture d'un nouveau restaurant McDonald's sur la place Rouge ou à proximité de la Grande Muraille de Chine a récemment fait la manchette des médias. Dorénavant, nous sommes disposés à nous déplacer et à y mettre le prix pour manger des aliments cuits lentement. C'est là que se trouve le plaisir authentique, apparemment.

Nous nous sommes laissé déposséder de tout ce qui pouvait nous procurer du plaisir. Heureusement que des magazines tels que *Genieten* sont là pour nous proposer en tant que purs produits de luxe ce dont nous bénéficiions autrefois à peu de frais et que nous sommes désormais prêts à payer le prix fort : la lenteur, le design artisanal, la cuisine lente trois étoiles et les vols de dernière minute vers les derniers lieux de villégiature où il est possible de jouir du calme et de la tranquillité. Mais d'où vient l'expression « ils ne savent pas profiter de la vie » au juste ? On peut se plaindre des enfants qui mangent des hamburgers et qui sont toujours connectés à leur iPod. Mais qui a introduit toutes ces choses dans notre société à grand renfort de publicité ? Ce n'est pas la génération actuelle, mais bien la précédente. Il ne sert à rien de blâmer les jeunes. Ce n'est pas la faute de nos enfants si nous avons laissé les autres nous dépouiller de tout ce qui est susceptible de nous procurer du plaisir dans la vie. Il est de notre responsabilité de leur redonner tout cela. Ronald McDonald ne le fera pas à notre place.

Nous nous sommes laissé déposséder de tout ce qui pouvait nous procurer du plaisir.

OPTIMISTE

> **Les cinq caractéristiques permettant de reconnaître les personnes optimistes**
>
> Sauriez-vous reconnaître l'optimiste qui sommeille en vous et dans les personnes qui vous entourent ? Voici les cinq caractéristiques permettant de reconnaître les personnes optimistes. Notez les qualités que vous reconnaissez ou que vous souhaitez acquérir.
>
> 1. Vous vous attendez toujours au meilleur. Vous ne vous laissez jamais arrêter par les obstacles.
> 2. Vous réinterprétez les faits. Un échec constitue pour vous une belle occasion de grandir.
> 3. Votre bonne humeur est contagieuse. Les gens se sentent à l'aise en votre compagnie.
> 4. Vous dépendez des autres le moins possible. Vous contribuez à votre propre bonheur.
> 5. Vous n'abandonnez jamais. Les pessimistes, eux, abandonnent facilement. Les optimistes font preuve de patience et de persévérance.

Un pays riche

« Supposons que le pays éclate. Bientôt, ce sera ici comme au Liban, nous aurons une guerre civile, soupire un client inquiet dans un restaurant de Bruxelles. Où irions-nous ? » Il sirote son porto et choisit spontanément le Portugal comme terre d'exil : « Là au moins, il y a du soleil tous les jours ! »

Le Liban ou le Portugal? On ne peut pas simplement faire un tel choix sur la base de considérations superficielles. En consultant la *World Database of Happiness*, où sont indiqués les niveaux de bonheur de ces deux pays, je constate à ma grande surprise que les habitants tant du Liban que du Portugal s'attribuent un 5,6 sur l'échelle du bonheur. Ceux qui sont en quête du bonheur peuvent donc, en principe, s'envoler aussi bien vers le Liban que vers le Portugal. *Si Bruxelles est un panier de crabes politique, Beyrouth doit bien être une fosse aux serpents.* Pourtant, les gens n'ont pas l'air d'y être si malheureux. J'en discute avec Elie G. Karam.

Celui-ci vit et travaille à Beyrouth. Il dirige le Département de psychiatrie et de psychologie de l'université de la ville, où il a notamment étudié les conséquences qu'ont eues sur les individus les longues années de guerre civile au Liban. «La guerre n'incite pas au bonheur, admet Karam, à qui cet euphémisme sert d'entrée en matière. Le peuple libanais a beaucoup souffert des conflits récents. Nous avons dû payer un prix élevé.» Il a cependant découvert la force secrète de ses compatriotes : leur tempérament. Il a constaté qu'une large proportion d'entre eux possédaient un type de tempérament qui prédominait, par rapport aux gens anxieux, plus enclins à l'inquiétude, qui formaient ensuite le groupe le plus nombreux. Karam est en mesure de prédire que ces derniers seront plus malheureux et plus exposés au risque de souffrir de troubles mentaux ou de dépression. L'autre tempérament en question est l'hyperthymie. Pour les individus hyperthymiques, la vie est une sorte de fête permanente. Ils se sentent forts, énergiques et productifs. Ils ont confiance en eux, courent des risques et sont à la fois joviaux, chaleureux et généreux. Ils trouvent leur bonheur là où ils le peuvent. Karam a noté qu'ils se comportent de la sorte même en temps de guerre, alors que les conditions sont des plus précaires. La réalité est pourtant exactement la même pour tous : la situation est désespérée et dangereuse pour les deux groupes. En plus de rendre plus heureux, un tempérament hyperthymique protège également contre les troubles graves. Guerre ou non. « L'anxiété est le meilleur prédicteur de troubles mentaux, alors que l'hyperthymie protège contre la plupart de ces affections. » Selon toute apparence, les hyperthymiques composent la majorité de la population libanaise.

« *Nous faisons continuellement la fête*, ajoute Karam. Les gens de tous âges, les groupes d'amis, les familles, etc., se réunissent souvent pour s'amuser, tout simplement. » Il me traduit un proverbe libanais qui, selon lui, résume le mieux cet état d'esprit : « Même au paradis, il serait insupportable de vivre seul. » Ce qui montre à quel point les contacts humains sont importants.

Je roule dans les rues des banlieues toujours calmes de la Flandre. Il n'y a pas de guerre ici. Pourtant, hiver comme été, les volets roulants de nombreuses maisons sont baissés pendant la journée. Parfois, des drapeaux noirs sont hissés dans la rue. Ces derniers servent à protester librement contre tout ce que nous craignons ou ce qui perturbe notre tranquillité, qu'il s'agisse des gitans ou des enfants qui jouent dans la rue. Les clôtures qui entourent nos maisons sont de plus en plus hautes et on ne compte plus les pancartes comportant des photos de chiens menaçants, ni les fêtes qui se déroulent à l'abri des regards indiscrets. Nous vivons dans un pays riche où la revue de l'année que l'on nous présente à la télé s'intitule : « L'année de la peur ». Avec une telle mentalité, il ne me semble guère raisonnable de vouloir fuir massivement vers le Liban. Si jamais Bruxelles devient comme Beyrouth, nous allons tous périr. Que reste-t-il d'autre à faire que de changer d'urgence les mentalités ?

Les clôtures qui entourent nos maisons sont de plus en plus hautes.

Libres mais solidement enracinés

Quel arbre aimeriez-vous être ? Un peuplier me semble tout à fait approprié pour quelqu'un d'optimiste. Cet arbre possède trois caractéristiques essentielles : des racines profondes (liens solides), un tronc élancé (forte croissance) et des feuilles qui bruissent agréablement (liberté).

À première vue – et par rapport au chêne –, le peuplier peut sembler être un arbre « bon marché ». Mais si j'ai le choix de finir en table en chêne ou en bois blanc avec lequel on fabrique des caisses d'oranges, j'opte pour le joyeux peuplier. D'ailleurs, Léonard de Vinci a peint son chef-d'œuvre, le portrait de la Joconde et de son mystérieux sourire, sur un panneau en bois de peuplier. Je ne pense pas qu'il s'agisse là simplement d'un bois bon marché.

Des racines puissantes et étendues forment le réseau invisible sur lequel s'appuie l'optimiste. Ce dernier se sent relié aux autres, à son passé, à ses origines, au milieu d'où il vient, à sa famille et à ses amis. Ce lien profond lui donne de la force. Mais il a également besoin de liberté. Il ne faut pas planter les peupliers trop près des maisons, des routes et des canalisations, car leurs puissantes racines se frayent un chemin à travers les murs et les routes. Les optimistes construisent leur réseau. Il ne s'agit pas là d'un réseau superficiel comme LinkedIn ou Facebook, mais de contacts solides. Tout comme les racines du peuplier, ce réseau contribue à leur donner des forces tous les jours et par tous les temps.

Le tronc élancé est synonyme de croissance forte et rapide. Les peupliers absorbent énormément d'eau à partir du sol et ils ont également besoin de beaucoup de lumière. N'en est-il pas de même des êtres humains ? Au début d'une thérapie, on conseille souvent de boire beaucoup d'eau. Aux patients dépressifs, on conseille de suivre des cures de soleil ou d'aller en vacances au soleil. Les peupliers poussent rapidement s'ils reçoivent beaucoup d'eau et de lumière. Ils deviennent vingt fois plus grands que les hommes (environ 40 mètres) et ils vivent deux fois plus longtemps que nous pouvons l'espérer (environ deux cents ans). Quelle belle perspective! Apprendre, se développer et croître jouent un rôle clé dans la vie des personnes optimistes. Il s'agit là du tronc de leur vie. Elles grandissent et accumulent des connaissances et de l'expérience dans leurs longues branches.

Si vous vous êtes déjà promené en vélo ou à pied le long d'une rangée de peupliers, vous savez ce que je veux dire. Aucun autre arbre ne produit ce son égayant qui procure une telle sensation de mouvement et de liberté, deux choses essentielles pour un optimiste. Pas le genre de liberté débridée qui n'est fondée sur rien et ne mène nulle part, mais une liberté qui puise sa force dans des racines étendues et enchevêtrées et s'appuie sur un tronc en pleine croissance. La tête dans les nuages. Les pieds sur terre.

La tête dans les nuages et les pieds sur terre.

Grâce à des amis qui ont de la considération pour la nature, j'ai appris à « lire » les paysages. Il s'agit là d'une expérience assez particulière qui consiste à décrypter les grandes lignes de l'histoire naturelle des mottes de terre, des sentiers et des vignes, de l'eau et des saules. Les peupliers font partie de la famille des saules, qui ont depuis longtemps une signification magique. Ainsi, les sifflets en saule ont pour fonction de chasser les sorcières et les démons. Mais les saules sont également connus comme des espèces dites « pionnières », qui colonisent des zones dont elles étaient absentes auparavant. Tout comme les coquelicots, qui sont devenus un symbole d'espoir après la Première Guerre mondiale. Les coquelicots fleurissent surtout sur les terres fraîchement labourées et en friche. Ainsi, ils ne poussent jamais au milieu mais toujours à la lisière des champs. Après les bombardements qui ont eu lieu en sol flamand, notre pays n'a pas manqué de terre ainsi fouillée. Les coquelicots et les saules sont des pionniers, des spécialistes chargés de se répandre dans les zones dénudées. De même, l'optimisme peut soudain se propager et prospérer de manière endémique sur le terrain en friche du pessimisme. L'optimisme est contagieux. Il se propage comme le feu. Avec l'étincelle de l'enthousiasme. Au fait, les allumettes sont également fabriquées à partir de bois de peuplier.

« Les optimistes
sont une source
d'inspiration pour les autres. »

OPTIMISTE
Inspiration

Je trouve parfois affligeant le spectacle qu'offrent les éternels optimistes et j'en ai marre de la manière dont ils se comportent en société. Ils sont toujours de bonne humeur, à les entendre il n'y a jamais de problèmes, leurs poignées de mains inspirent confiance et leurs tapes dans le dos sont vigoureuses, ils montrent qu'ils sont attentifs aux autres en faisant un signe de tête à tout le monde, ils sont toujours occupés à de nouveaux projets, etc. Mais tout cela semble si irréaliste et si factice! Force est néanmoins de constater que nous préférons nous entourer de personnes optimistes que de personnes pessimistes. Lorsqu'elles sont authentiques, celles-ci ne forcent tout simplement pas les choses: elles se contentent d'être ce qu'elles sont et c'est déjà amplement suffisant.

Les optimistes s'attirent les uns les autres et se regroupent. Il existe un nombre incalculable d'organisations, de blogues, de clubs, de magazines, de cellules de réflexion, de sites Web et de groupes en ligne tels que *Global Optimists, Positive Thinking, Inspired Young Optimists*[34], etc. Le credo des optimistes semble être: « *Croissez et multipliez-vous.* » Ils sont une source d'inspiration parce qu'ils donnent aux autres le sentiment de détenir quelque chose de précieux et parce qu'ils se réjouissent autant des succès des autres que de leurs propres succès. Les esprits négatifs ont le don de nous sucer nos énergies et de nous tirer vers le bas. Les optimistes, eux, font ressortir ce qu'il y a de meilleur en nous et contribuent à nous élever.

Il existe une différence entre inspirer et motiver quelqu'un. On n'inspire pas les autres dans le but de produire une réaction précise chez eux. Les personnes qui sont une véritable source d'inspiration pour les autres ne cherchent en général pas à les influencer de façon consciente. Elles éveillent plutôt inconsciemment le désir latent chez les autres de faire appel à leurs propres compétences. Inspirer consiste en fait à stimuler et à enthousiasmer les autres. Seul ce qui nous touche et nous enthousiasme nous pousse à agir. Les optimistes se laissent facilement inspirer et communiquent aux autres ce sentiment, cet entrain et cet état d'esprit avec le sourire. Souvent sans même s'en rendre compte.

Influencer à la manière d'un aimant

Une classe d'élèves qui effectuent une sortie passe devant moi en vélo. On dirait des gilets de sécurité colorés montés sur deux roues. Un instituteur se trouve en tête du peloton tandis qu'une institutrice ferme la marche. Ils tiennent leurs bruyants élèves à l'œil. Tous les enfants portent un casque. Ils ont reçu de longue date des consignes claires à ce sujet. Personne n'a oublié son casque. Sinon, il est fort probable que les contrevenants auraient été pénalisés. Les deux seuls qui n'en portent pas sont l'instituteur et l'institutrice. Personne ne peut les y obliger. Mais ce que les enfants retiendront plus tard d'un tel comportement, ce n'est pas tant ce que leurs enseignants leur auront imposé de force que la manière dont ceux-ci donnent l'exemple et mettent en pratique ce qu'ils prêchent.

Inspiration

Quels sont vos modèles dans la vie ? Prenez le temps de dresser tranquillement cette liste. Cet exercice est important. Pour qui aviez-vous de l'admiration lorsque vous étiez enfant ?

....
....
....

Quels ont été vos modèles par la suite, notamment en ce qui a trait à certains aspects de votre vie ?

....
....
....
....

Qui pourriez-vous encore considérer comme des exemples inspirants ? Ces personnes sont susceptibles d'appartenir à différentes sphères de votre vie : vos enseignants, vos relations personnelles, vos collègues de travail, votre voisinage, les gens qui partagent les mêmes valeurs ou qui s'adonnent aux mêmes loisirs que vous, etc.

....
....
....
....

Comment se fait-il que certains jettent leurs ordures à la rue, ridiculisent la religion, importunent leurs collaborateurs ou frappent leurs enfants sans sourciller, tandis que d'autres trient soigneusement leurs déchets, prient tous les jours, organisent des fêtes à l'intention de leur personnel et font en sorte d'avoir une vie de famille agréable ? Ces comportements sont sans doute le fruit d'un apprentissage (ou d'un défaut d'apprentissage). Les processus d'apprentissage se déroulent sans que nous en ayons conscience. *Nous avons appris inconsciemment une bonne partie de ce que nous faisons et de ce que nous pensons à chaque instant.* Nos parents ont été nos premiers et nos plus importants éducateurs. Par l'entremise non de leurs paroles, mais de leurs actes.

Essayez de tracer un portrait sommaire de votre père et de votre mère. Pour chacun d'eux, notez au moins cinq qualités et valeurs qui étaient importantes à leurs yeux.

Ma mère

....

....

....

....

Mon père

....

....

....

....

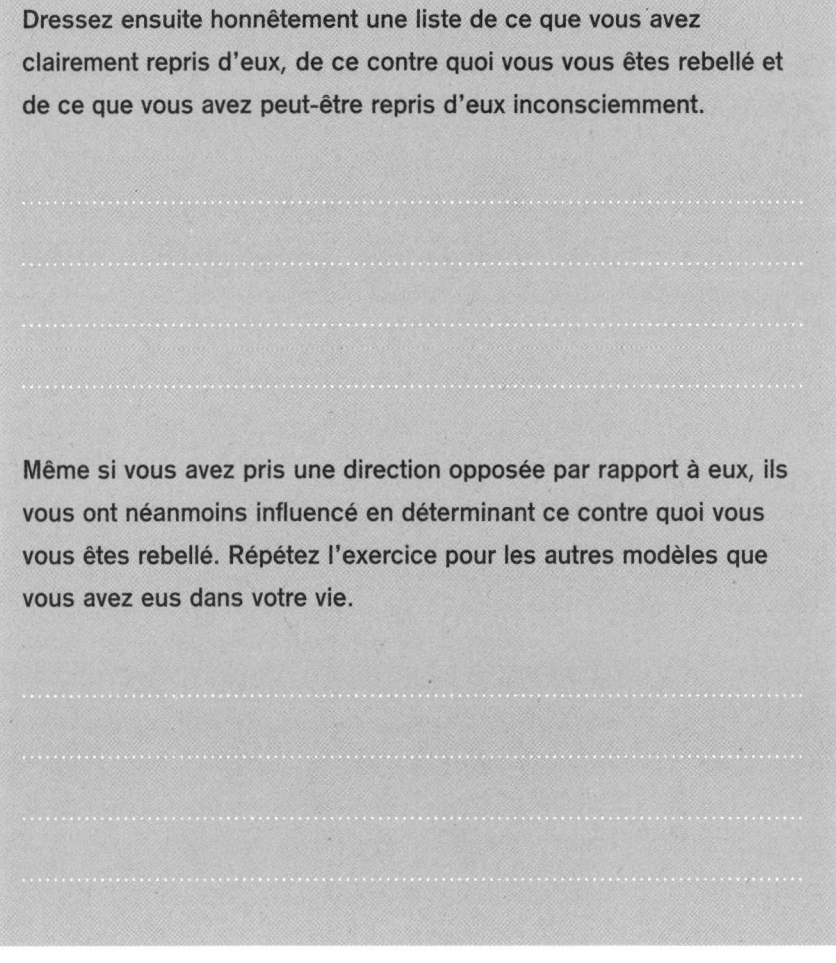

Nous voulons tous avoir la pleine maîtrise de notre destin. Mais beaucoup de choses échappent à notre contrôle. Nous n'arrivons même pas à prendre notre propre vie en main, sans parler de la vie des autres ou du cours des choses dans le reste de l'univers. Néanmoins, ce que nous possédons tous en abondance, c'est de l'influence. Que cela nous plaise ou non. L'influence que nous exerçons se répand autour de nous en cercles concentriques. Nous influençons surtout les personnes qui vivent (les membres de notre famille, nos amis, nos voisins) et qui travaillent (nos employés, nos collègues, nos patrons) dans notre entourage immédiat. Plus les cercles s'éloignent de nous, plus notre influence diminue. Les autres nous influencent à leur tour de la même manière.

Dessinez les cercles d'influence qui s'étendent vers l'extérieur en partant de vous, puis les cercles d'influence qui partent de l'extérieur pour refluer vers vous.

Qui influence qui dans quels domaines ? Cette influence s'exerce-t-elle consciemment ou inconsciemment ?

....
....
....
....

Il ne s'agit pas d'exercer notre emprise sur les autres (ce que nous faisons très souvent consciemment), mais plutôt de les influencer (ce que nous faisons en général inconsciemment). Nous influençons nos enfants et ces derniers nous influencent, et il en est de même avec nos collègues, nos voisins et nos amis. Le désir de contrôler implique une intention consciente, ce qui est rarement le cas lorsqu'il est question d'influence. Que cela nous plaise ou non, nous influençons les autres par notre façon d'être, d'agir et de parler. Cela se produit exactement dans cet ordre : ce que nous sommes et ce que nous faisons est plus important que ce que nous disons. Le seul choix que nous sommes réellement en mesure de faire est celui-ci : voulons-nous exercer une bonne ou une mauvaise influence sur les autres ?

Un médecin m'a affirmé que la meilleure façon pour lui de savoir si un patient est dépressif consiste à être à l'écoute de ce que lui-même ressent après un entretien avec ce dernier. « Si je me sens déprimé, il y a de fortes chances pour qu'il le soit. » Nous influençons notre environnement par l'intermédiaire de notre propre état d'esprit. Les pessimistes dégagent des vibrations négatives, tandis que les optimistes font exactement le contraire. Souvent, une conversation entre une personne positive et une personne négative donne un résultat moyen. Les échanges entre les deux font en sorte que les 80 pour 100 de positif de l'un et les 40 pour 100 de positif de l'autre finissent par s'équilibrer ; chacun repart alors avec 60 pour 100 de positivisme. Mais certaines personnes agissent tels de puissants aimants. Elles finissent par se retrouver très au-dessus ou très au-dessous de la moyenne. Leur influence peut être aussi bien positive que négative. Même si vous êtes extrêmement joyeux au moment d'entrer en contact avec quelqu'un de très pessimiste, son magnétisme peut être tel que toutes vos émotions positives finiront par fondre comme neige au soleil. À l'inverse, il existe des personnes qui possèdent une telle force positive et une telle force d'inspiration qu'elles réussissent parfois à changer même la couleur du visage sombre et des vêtements tristes des personnes cyniques.

L'optimisme et le pessimisme agissent comme des virus. *Il existe des personnes contagieuses dont il faut à tout prix se méfier :* celles qui sont toujours en train de se plaindre, qui colportent sans arrêt des cancans et qui font parfois exprès de rabaisser les autres, de les importuner ou de leur empoisonner la vie. Quiconque se sent le moindrement bien dans sa peau peut toujours entretenir des rapports avec de telles personnes. Mais le mieux est encore de faire un détour pour les éviter. Un individu qui est mal dans sa peau court cependant le risque de voir de telles fréquentations affaiblir son système immunitaire et l'entraîner facilement dans une spirale négative. C'est ainsi que se créent des petits groupes de gens à l'esprit négatif. À la longue, un virus négatif peut détruire une famille ou contaminer un environnement de travail. Certaines personnes se rendent tous les jours à reculons sur leur lieu de travail, car elles s'y sentent dépréciées ou malheureuses. Il est difficile de survivre dans un tel environnement. Un conseil à ce sujet ? Quittez votre emploi ou essayez de changer votre environnement de travail. Ce n'est toutefois pas facile. Plusieurs s'y sont déjà cassé les dents. Il est particulièrement difficile de faire faire un virage de 180 degrés à des individus négatifs, car il s'agit là d'une conception fondamentale. Il ne sert à rien de chercher à les tirer, à les pousser ou à les traîner. Les longues discussions et les longues confrontations sont tout aussi inutiles. Notre seul choix consiste à ne pas nous laisser entraîner sur la pente du négativisme, à opter résolument pour une approche positive et à tâcher par tous les moyens de rayonner autour de nous et d'accroître notre influence. Simplement à travers nos actions et en étant nous-mêmes. Vous ne savez jamais sur qui vous portez vos regards ou qui vous suivez, mais vous pouvez être certain qu'on vous observe et qu'on vous suit. Nous sommes tous les miroirs, les virus et les aimants les uns des autres. Si vous savez quels bienfaits une influence positive peut produire et a déjà produits sur vous, le choix est simple : devenir en tous lieux et pour tous ceux qui vous entourent un miroir réfléchissant, un virus qui apporte la guérison et un puissant aimant.

L'optimisme et le pessimisme agissent comme des virus.

Le type 7

Les magazines populaires sont remplis de tests de personnalité censés nous aider à mieux découvrir qui nous sommes. Nous prenons plaisir à faire ces tests. Ils nous offrent un miroir et constituent un point de départ qui nous sert à interpréter la nature chaotique des relations humaines. L'ennéagramme ancestral constitue un modèle généralement apprécié d'analyse des comportements humains. Il décrit neuf types de personnalités différents, qui se distinguent par leurs manières de penser, de sentir et d'agir. L'optimiste est de type 7.

Quels sont les autres types ? Ce sont le perfectionniste (il veut faire le bien et améliorer les choses), l'altruiste (il veut être aimé), le fonceur (il veut réussir), le sensible (il cherche à se comprendre lui-même et à exprimer son originalité), l'observateur (il veut comprendre le monde et aime se sentir compétent), le loyaliste (il recherche la tranquillité et la sécurité), le meneur (il cherche à se protéger en étant fort), le diplomate (il recherche l'unité et l'harmonie). *L'optimiste aspire à être content, heureux et satisfait.* Tel est le mobile de ses actions. Il profite de la vie, encourage les autres, voit des solutions là où ces derniers ne voient que des problèmes, est constamment en quête de nouvelles expériences et adore faire des projets. Ses points forts sont sa spontanéité, son charme, sa fougue et

> sa jovialité. Ses faiblesses : il peut être superficiel et impulsif ou se transformer en doux rêveur. Les points qu'il doit améliorer : demeurer réaliste, se préoccuper davantage des autres et mettre ses projets à exécution. Grâce à son enthousiasme, un véritable optimiste parvient souvent à encourager les autres à avoir une vision plus positive de la vie.

• •

Lorsque tout le réseau sourit

Votre optimisme et votre bonheur sont étroitement liés à l'optimisme et au bonheur de vos amis, ainsi qu'à l'optimisme et au bonheur de leurs amis et des amis de leurs amis. *Notre bonheur est également déterminé par des gens que nous connaissons à peine et qui se trouvent en dehors de notre horizon social*, et même au-delà. Les optimistes se trouvent très souvent au centre de leurs réseaux sociaux et leur entourage immédiat est souvent composé de gens heureux.

Pour chaque ami supplémentaire qui se sent heureux, vos chances d'être heureux augmentent de 9 pour 100. En revanche, une augmentation substantielle de salaire aura pour effet d'augmenter votre bonheur de seulement 2 pour 100. C'est ce qu'ont constaté Nicholas Christakis, de l'Université Harvard, et James Fowler, de l'Université de Californie, à partir de recherches étalées sur 20 ans et portant sur les réseaux sociaux de quelque 5000 individus. Ces derniers avaient en moyenne des liens directs avec 11 ou 12 personnes (membres de la famille, amis, voisins, collègues). Pour chacune des personnes avec qui ils étaient en relation, les enquêteurs ont observé lesquelles ils voyaient à tour de rôle et s'ils se sentaient heureux. «Notre bonheur est conditionné par un ensemble d'éléments volontaires et involontaires liés à nos gènes, notre santé et notre fortune. Mais le bonheur des gens qui nous entourent est tout aussi important, concluent les deux chercheurs. *Ils nous contaminent émotionnellement* et nous transmettons à notre tour ce virus dans un sens positif ou négatif. Si quelqu'un nous sourit, nous lui sourions inconsciemment en retour. Si nous vivons avec quelqu'un de dépressif, il y a de fortes chances pour que nous le devenions à notre tour. Le bonheur est non seulement une expérience personnelle, mais aussi une caractéristique des groupes. Les émotions sont un phénomène collectif. Riez et tout le monde rira avec vous. »

Leurs résultats ont été confirmés par de nouvelles recherches portant sur 1700 utilisateurs de Facebook. Ils ont constaté que les gens qui sourient sur la photo accompagnant leur profil comptent un plus grand nombre de personnes dans leur réseau et que la majorité d'entre elles sourient également sur leur photo. On trouve aussi beaucoup plus souvent deux personnes sur leur photo, c'est-à-dire eux-mêmes en compagnie d'un ami. L'inverse est également vrai : ceux qui ont une triste mine ont moins d'amis sur Facebook. La plupart de ceux-ci ont aussi l'air triste et sont moins souvent au centre du réseau qui les entoure. La majorité des gens comptent en moyenne six bons amis, mais ceux qui sourient en comptent davantage. Et ils sourient à leur tour plus souvent.

Les personnes qui ont l'air triste sur la photo accompagnant leur profil comptent beaucoup moins d'amis sur Facebook.

La magie de l'enthousiasme

Lisez les phrases suivantes à haute voix :

« Ouah ! je suis curieux de voir ce que cette journée me réserve. »
« Je parie que la journée va être ennuyeuse. »
« Voyons voir dans mon agenda de quoi cette journée aura l'air. »

Chacune de ces phrases contient des mots familiers. Mais vous les avez probablement prononcées d'une manière très différente. Tous les matins, des milliers de personnes commencent leur journée en ayant l'une ou l'autre de ces pensées à l'esprit. Ces dernières déterminent en grande partie le cours de leur journée. Quiconque est curieux de savoir ce que la journée lui réserve montre qu'il est ouvert à de nouvelles expériences et c'est ce qu'il attire à lui. Quiconque s'attend à ce que la journée soit ennuyeuse a de bonnes chances de voir ses attentes comblées. Il ne peut qu'attirer les échecs et des individus semblables à lui. Le troisième énoncé s'en tient aux faits. Tout est encore possible. Mais il y a de bonnes chances pour que cette approche débouche sur de l'indifférence. Or, l'apathie est justement le contraire de ce qui nous motive à agir positivement : l'enthousiasme.

Quel est le secret de la réussite ? Winston Churchill a déclaré à ce sujet que les gens qui connaissent le succès vont d'échec en échec, mais sans perdre leur enthousiasme pour autant. Et c'est précisément ce qui fait la différence entre l'échec et la réussite. *Non seulement les personnes enthousiastes sont intéressantes, mais elles s'intéressent aussi à tout.* Elles débordent de joie, brûlent du feu de la passion et montrent un intérêt sincère pour les êtres et les choses qui les entourent. Quelle est la différence entre une marque de commerce forte et une marque jouissant d'une faible image ? Pourquoi les marques Nike et Apple produisent-elles sur nous plus d'effet que les autres marques ? Parce que ces deux sociétés ont su créer un enthousiasme pour leur marque. C'est le mot magique pour toute forme de communication, puisqu'il ne s'agit pas seulement d'informer mais de créer un impact, d'inciter à agir ou de déclencher des processus d'apprentissage et de changement. Le mot « enthousiasme » vient du grec *enthousiasmos* ; il signifie « ivresse mentale » et renferme le mot *theos*, indiquant ainsi qu'un dieu se cache à l'intérieur de nous. Socrate croyait même que l'inspiration des poètes représentait une forme d'enthousiasme parce qu'il était d'avis que celle-ci émanait des dieux. Mais l'enthousiasme engendre également de l'ennui. *Les personnes qui font preuve d'un enthousiasme excessif terminent rarement ce qu'elles commencent.* Elles passent d'un défi à l'autre, oubliant souvent d'apprécier l'expérience qu'elles vivent. Bien que l'enthousiasme puisse grandement nous inspirer, nous n'en éprouvons pas moins de l'aversion pour les personnes qui ne voient que du positif dans tout. Néanmoins, le bon côté de la chose, c'est que l'enthousiasme est contagieux. C'est toujours un plaisir d'apprendre auprès d'un professeur qui est passionné par son sujet. Des collègues enthousiastes nous incitent à nous dépasser. Toutefois, cela peut vite devenir un fardeau lorsqu'on doit chaque fois s'associer à l'enthousiasme des autres, à une nouvelle idée ou à un travail d'équipe captivant.

Le contraire de l'enthousiasme est le cynisme. Ce mot a la même origine que le mot grec servant à désigner un chien. Il est synonyme d'amertume, de méfiance et d'indifférence à l'endroit de tout ce qui est bien intentionné. Une personne enthousiaste réussit à communiquer son enthousiasme. Les cyniques, eux, ont déjà un seau d'eau tout prêt avant même que quelqu'un ait trouvé du petit bois pour attiser un feu.

« Enthousiaste » est peut-être le mot qui figure le plus souvent dans les lettres de candidature et qu'on entend aussi le plus souvent dans les entretiens d'embauche (en dehors des inévitables formules du genre « relever de nouveaux défis » et « faire preuve d'esprit d'équipe tout en travaillant de manière autonome »). Les candidats à un poste ont beau affirmer qu'ils sont enthousiastes, en réalité ils le démontrent rarement. L'enthousiasme ne porte pas sur soi mais sur l'autre. Il s'agit de communiquer aux autres notre enthousiasme pour ce que nous défendons ou ce que nous croyons. Cela signifie qu'il est possible de convaincre les autres ou de les pousser à agir. Soit en acceptant votre proposition, soit en vous embauchant, par exemple. Pour ce faire, vous pourriez utiliser la célèbre stratégie de vente AIDA, qui consiste à attirer l'*attention* (ai-je réussi à capter l'attention ?), à susciter l'*intérêt* (me trouvent-ils intéressant ?), à créer le *désir* (ont-ils envie de mes services ?) et à inciter à passer à l'*action* (vont-ils agir ?). Cette stratégie fonctionne tant pour les produits que pour les individus. Votre sincérité demeure toutefois la chose la plus importante. Vous ne pouvez pas faire semblant. Et c'est justement ce sentiment indicible à la base de l'enthousiasme qui constitue un mélange unique de personnalité, d'attention, d'intérêt, de désir, d'action, d'excitation, d'inspiration et de créativité. L'enthousiasme contribue de manière positive à renverser les barrières d'une pensée fondée sur la peur, les problèmes et les limitations. Il nous permet de nous hausser de manière imperceptible et presque magique au-dessus de la moyenne. Il est inextricablement lié à l'optimisme. Pour formuler la chose selon les termes employés par Honoré de Balzac : « L'homme meurt une première fois à l'âge où il perd l'enthousiasme. »

> *L'enthousiasme ne porte pas sur soi mais sur l'autre.*

Pour une culture scolaire positive

Jamais le magazine sur l'éducation et l'enseignement dont je suis le rédacteur en chef (ainsi que d'autres journaux par la suite) n'a reçu autant de commentaires que lorsque j'ai publié un éditorial suggérant aux enseignants de jeter leur stylo rouge et de le remplacer sur-le-champ par dix stylos verts. Des centaines de lettres nous sont parvenues. De la part de lecteurs très enthousiastes, mais aussi d'autres lecteurs très en colère. Je me risque néanmoins de nouveau à lancer un plaidoyer en faveur d'une culture scolaire positive. Le moment est en effet venu d'aborder cette question. Le stylo vert n'est qu'un symbole destiné à transmettre un message plus profond, qui touche au cœur même de notre système d'éducation. Nos élèves vont plutôt volontiers à l'école. Surtout au niveau primaire. Par contre, au niveau secondaire en général, ils trouvent l'enseignement carrément ennuyeux. Ils y vont surtout pour retrouver leurs copains. (Ce qui en soi en dit long sur le manque de contacts sociaux en dehors de l'école.) Même si la qualité de l'enseignement dispensé y est satisfaisante, la joie de l'apprentissage véritable a depuis longtemps disparu de nos écoles. La Conférence européenne sur la psychologie positive qui a eu lieu à Copenhague a une fois de plus réaffirmé clairement l'importance du rôle de l'éducation. Il est en effet désormais scientifiquement prouvé que la pensée positive agit sur notre cerveau. Elle nous ouvre l'esprit, fait travailler davantage nos neurones et modifie notre façon d'agir. Nous savons déjà que les personnes optimistes sont plus heureuses, sont en meilleure santé et ont plus de succès. Or, c'est également vrai pour les élèves. Tant les enseignants, les élèves eux-mêmes et l'école que la société ont le pouvoir de contribuer à une culture scolaire plus positive.

Cette culture scolaire positive repose sur quatre piliers : des enseignants positifs qui œuvrent dans un environnement positif en compagnie d'élèves positifs en vue de créer une vie en société positive.

❶ *Cela commence avec l'enseignant.* Il est bien formé, déborde d'enthousiasme et sait transmettre de manière inspirante sa passion pour son métier et pour les gens.

❷ *Il travaille au sein d'une équipe et dans un environnement « riche en oxygène ».* De préférence dans une « bonne » école qui fonctionne selon les principes d'une organisation positive, où il est possible d'être soi-même, de devenir qui on veut, de collaborer avec les autres et de contribuer à quelque chose de plus grand et d'utile.

❸ *Il a à cœur de favoriser l'épanouissement, la motivation et le bien-être de tous ses élèves.* Il découvre leurs talents cachés et leur donne espoir en l'avenir. Il les encourage à parfaire leurs connaissances et à mieux se connaître tout en stimulant leur créativité et en leur apprenant à explorer, à découvrir et à réfléchir. Il leur enseigne à choisir avec discernement dans un monde de plus en plus complexe (choix d'études et de carrière, choix de vie, sensibilisation aux médias, habitudes de consommation, valeurs…). Il leur permet surtout d'apprendre en faisant leurs propres expériences et en collaborant ensemble. Il ne se contente pas de mettre l'accent sur ce qui est mesurable, mais fait aussi une large place à ce qui relève du domaine de la sensibilité, à savoir l'humour, les émotions, les relations humaines, la beauté, l'harmonie et les compétences sociales.

❹ *Les enseignants, les élèves et leur école gardent en outre un œil ouvert sur le monde dans lequel ils vivent* à travers des thèmes tels que la réflexion, la justice, la solidarité, la culture, l'intégrité, le sens de la vie, le développement durable, la citoyenneté active et le sens des responsabilités.

L'aspect le plus important reste le développement personnel. Enseignants, parents, élèves, nous sommes tous des individus en constante évolution et nous avons tous besoin de terre, d'énergie, de lumière, de nourriture et de culture, de chaleur et d'oxygène. Des expériences intenses, des contacts permanents avec les autres et des exemples inspirants contribuent à favoriser un processus d'apprentissage équilibré.

> *L'aspect le plus important reste le développement personnel.*

Lors du congrès de Copenhague, Howard Gardner a amplement démontré que les êtres humains disposent de nombreuses formes d'intelligence. Selon lui, il existe, en plus d'une intelligence verbale/linguistique et logique/mathématique, une intelligence interpersonnelle, notamment. Il confirme aussi l'importance du rôle de l'enseignant en tant que modèle. Ce qui compte, ce ne sont pas nos paroles mais nos actes. C'est encore plus vrai pour les parents, qui tentent désespérément de trouver leur voie dans une société de plus en plus complexe. Mais ceux qui se laissent guider par l'espoir plutôt que de se laisser paralyser par la peur en viennent à adopter une vision positive du monde et des êtres humains. Et c'est là que se trouve le salut, tant des enseignants que des élèves et de leurs parents. La responsabilité est devenue un concept dynamique qui se définit désormais par « la capacité de répondre », c'est-à-dire l'aptitude à relever efficacement les nouveaux défis qui se présentent dans un environnement en constante évolution. Une pédagogie positive dans une culture scolaire positive : voilà le type de réponse forte que notre époque attend de nous. La passion constitue une véritable source d'inspiration.

Bonnes nouvelles

J'ai lu inopinément ceci en lettres majuscules, à la une d'un journal : « Les problèmes persistent ». Ces mots ont été imprimés, distribués et lus des centaines de milliers de fois, sans que personne ne sache précisément à quoi ce titre faisait allusion : aux embouteillages, aux cas de pédophilie, aux fraudes fiscales, à la météo, à la circulation ferroviaire ou aux résultats sportifs ? Il s'agissait en fait de nids-de-poule dans la chaussée. Je voulais féliciter ce journal pour avoir enfin trouvé le titre universel : « Les problèmes persistent ». À quoi cela m'avance-t-il en tant que lecteur ? Le langage ne décrit pas la réalité, il la crée. Un cerveau qui est bombardé en permanence par de telles informations ne peut que finir par faire sienne la conception du monde qui lui est ainsi présentée. Il suffit de lire un journal au hasard ou de regarder les actualités pour avoir une vision extrêmement limitée et pessimiste du monde et des hommes. Les bonnes nouvelles se limitent souvent à des événements sans importance ou à des faits divers. Pourquoi ne pourrions-nous pas renverser carrément cette tendance ? Non pas pour présenter un « spectacle de bonnes nouvelles » permanent, mais pour mettre l'accent sur le pouvoir des gens, comme le fait la psychologie positive. En termes de bien-être, de satisfaction et de confiance, nous obtenons un score nettement plus faible que ce à quoi on pourrait s'attendre de la part de gens vivant dans un pays où règne la prospérité économique. Par conséquent, nous avons du pain sur la planche.

On obtient ce sur quoi on concentre son attention. L'optimisme n'est plus l'apanage exclusif des utopistes, des rêveurs et des naïfs. Le bonheur n'est plus le domaine réservé de la religion, de la philosophie ou de la spiritualité. La psychologie positive procède à des études scientifiques sur la qualité de vie, en particulier celle des groupes, des organisations et des pays. Nous pouvons par ailleurs apprendre énormément les uns des autres à l'échelle mondiale. Il est temps de mettre ces connaissances à la portée des gens ordinaires. Non pas de façon populiste, mais de manière réaliste, compréhensible et inspirante. Cette importante responsabilité morale incombe aussi bien aux journalistes qu'aux dirigeants politiques.

De récentes recherches sur le cerveau ont démontré les bienfaits de la pensée positive : « Elle nous ouvre l'esprit et transforme notre être. » Les personnes qui entretiennent des pensées négatives (nourries par des informations négatives) ont une attention moindre, distinguent moins bien les nuances et ont une moins bonne vue d'ensemble des choses, car elles font moins travailler leurs neurones. Il est plus facile d'avoir des pensées négatives. *Les personnes qui pensent positivement, quant à elles, entrevoient davantage de possibilités*, obtiennent de meilleurs résultats, sont plus résistantes, prennent plus souvent les bonnes décisions, négocient mieux, sont plus conscientes d'elles-mêmes, entretiennent de meilleures relations avec les autres, prennent davantage de responsabilités, font preuve d'une plus grande confiance en elles-mêmes, etc. Il s'agit d'un processus biochimique. Afin de libérer cette énergie positive, nous avons besoin «d'oxygène». La société peut nous apporter cet «oxygène». Ou non. Un système d'éducation, des parents, une classe politique... et des journalistes sachant exercer une influence positive sont susceptibles de jouer un rôle crucial à cet égard.

Il est plus facile d'avoir des pensées négatives.

Tous les chercheurs nous mettent en garde contre le piège qui consiste à tomber dans un optimisme béat et à n'entretenir que des pensées positives. Cela peut même se révéler dangereux et déboucher sur une illusion. Tout est une question d'équilibre. Le négativisme est par conséquent indispensable. Il n'est pas souhaitable de ne voir que le côté positif des choses. Nous avons besoin de savoir ce qui va mal, ce qu'est la duperie, etc. Nous pouvons de la sorte apprendre de nos erreurs et prendre les mesures appropriées pour éviter qu'elles se répètent. Voilà ce sur quoi nous devrions mettre l'accent lorsque surviennent des mauvaises nouvelles.

Journalistes et rédacteurs en chef me disent souvent que «les bonnes nouvelles ne se vendent pas». Si c'est vrai (ce dont je doute, mais bon), nous avons une grande responsabilité en tant que lecteurs de journaux et de magazines. Ignorez purement et simplement les histoires à sensation qui se concentrent sur les aspects négatifs des choses et qui flattent nos bas instincts.

Il n'existe aucun journaliste qui soit exclusivement en quête de mauvaises nouvelles, du moins je l'espère. Certes, les reporters sont volontiers à l'affût des conflits, des tensions et des émotions fortes. Mais, comme nous avons tendance à voir rapidement le côté négatif des choses, les nouvelles choquantes deviennent alors souvent la norme. Les nouvelles positives et inspirantes sont l'exception. Le résultat est désastreux : les gens n'ont pas confiance en eux-mêmes et dans la société, ils ne font confiance à personne et éprouvent de la méfiance à l'égard des institutions, ils sont guidés par la peur au lieu de l'espoir, ils s'isolent, ils n'investissent pas dans des solutions à long terme qui tiennent compte de l'intérêt commun, ils perdent de vue la nécessité d'assurer la cohésion sociale, ils sont déprimés, etc.

Les informations devraient pourtant servir d'inspiration. Pourquoi les « infospirations » ne deviendraient-elles pas la norme ? Alors qu'autrefois les médias constituaient une fenêtre ouverte sur le monde, de nombreux médias se contentent désormais de nous le montrer à travers le trou de la serrure. Si les journalistes pouvaient enfin comprendre que leur rôle ne se borne pas à informer la population mais consiste aussi à inspirer les gens, ils ne se satisferaient plus de véhiculer seulement des informations négatives. Pourquoi ne pas s'adresser aux multiples aspects de l'intelligence humaine au lieu de toujours essayer de tenir les masses en haleine avec des histoires de catastrophes et des nouvelles à sensation ? Quand et comment leur esprit de curiosité, leur intelligence, leur passion, leur persévérance, leur sens de l'amitié, leur simplicité, leur authenticité, leur honnêteté, leur créativité, leur capacité d'excellence, leur capacité d'appréciation et leur sens de l'humour sont-ils sollicités ? Je sais bien que les cyniques vont aussitôt se moquer de la naïveté de tels propos. Il ne s'agit pourtant pas là de candeur de ma part. C'est en arrêtant de prendre les gens pour de simples consommateurs et en les considérant comme des êtres en constante évolution que nous deviendrons tous meilleurs et que nous serons tous plus heureux. Nous ne ferons pas de chaque incident une nouvelle mode et de chaque anecdote une vérité générale. Que ce soit dans le monde de la politique, de l'enseignement ou du journalisme, nous saurons expliquer le contexte et favoriser la connaissance de soi, la réflexion, le sens des responsabilités et l'engagement. Faute de quoi, nous nous résignerons à accepter cette vérité paralysante : « Les problèmes persistent. »

Inspiration

Le choix nous appartient

Lorsque j'étais enfant, j'avais le choix entre le blanc ou le rose. C'était tout. Aujourd'hui, le consommateur qui se promène à l'intérieur d'un supermarché est vite submergé par la vaste gamme de couleurs, de textures et de saveurs qui lui sont proposées, même dans le cas d'un simple produit comme le yaourt. Toutes ces options nous rendent-elles plus heureux pour autant ? Je pose la question à Paolo Verme, un spécialiste dans ce domaine qui a vécu, travaillé et voyagé dans plus de 80 pays. Il a été conseiller politique auprès de pays en voie de développement, de l'UNICEF, de l'UNESCO et de la Banque mondiale. Il enseigne présentement l'économie à Milan. Il a étudié les lois universelles qui régissent les choix que font les individus. Et devinez quoi ? Le bonheur n'a rien à voir avec l'abondance des choix qui s'offrent à nous. Ce n'est pas le nombre total d'options disponibles qui compte, mais la qualité du choix final que nous effectuons. Nous sommes libres de voyager où nous voulons, mais si nous nous retrouvons tous ensemble sur la même bande de sable sur la côte espagnole, notre liberté de choisir aura engendré un résultat très décevant.

Mais ce qui est plus important encore, c'est le degré avec lequel nous avons conscience du fait que chacun de nous attire ce qui lui arrive. Partout dans le monde, les gens qui disposent d'une plus grande liberté de choix ne se sentent plus heureux que lorsqu'ils sont persuadés de pouvoir influer sur le résultat de leur choix. Une grande liberté de choix n'est pas automatiquement synonyme de bonheur accru. Car encore faut-il savoir apprécier cette liberté et être conscient du fait qu'elle constitue un bien précieux avant de pouvoir savourer son bonheur. Cette prise de conscience dépend d'un trait de personnalité qu'en psychologie on désigne par l'expression «locus de contrôle» (ou «lieu de contrôle»). Les personnes qui sont convaincues que le résultat de leurs actions dépend de leurs compétences et de leurs efforts personnels ont un locus de contrôle dit «interne». Elles sont plus susceptibles d'apprécier leur liberté de choix que les personnes qui ont un locus de contrôle dit « externe », c'est-à-dire qui croient que l'issue de leurs efforts est déterminée par le hasard ou le destin. Cela explique notamment pourquoi deux étudiants qui sont persuadés, à la veille d'un examen, qu'ils obtiendront une note de sept sur dix, mais qui constatent après coup qu'ils ont obtenu un huit, ne seront pas forcément tous les deux aussi heureux du résultat. Celui qui attribue ce résultat inattendu à ses efforts personnels sera plus heureux que celui qui pense qu'il est dû au hasard.

Verme a démontré que de telles croyances ne sont pas uniquement déterminées génétiquement. Elles ont également un rapport avec le développement social de l'individu et le processus d'apprentissage en milieu familial et en milieu scolaire. Tant les parents que les éducateurs jouent à cet égard un rôle décisif dans le bonheur des futurs adultes. Lorsque les enfants acquièrent la conviction qu'ils déterminent ce qui leur arrive grâce à leurs compétences personnelles, cela contribue d'une manière inestimable au bonheur des individus et de la société. Par conséquent, la sensibilisation des consommateurs et l'éducation aux médias constituent de nouvelles compétences importantes que même les enfants peuvent acquérir. Après tout, ceux-ci exercent dès leur plus jeune âge une influence déterminante sur les achats de la famille. Leur comportement, tout comme celui de leurs parents et enseignants, est conditionné par les 2000 messages publicitaires et plus qui nous mitraillent en moyenne chaque jour. Le coq rouge des produits Kellogg's apparaît même sur les jouets dorénavant. Les enfants le prennent inconsciemment dans leurs mains. Les grandes marques décident désormais ce qui est bon pour nous. Cela va des produits de haute technologie jusqu'aux Schtroumpfs sur les pots de moutarde. Elles exercent leur influence non seulement sur ce que nous consommons, mais aussi sur nos valeurs, notre image de nous-mêmes, nos rapports avec les autres, nos priorités et la façon dont nous pensons trouver le bonheur. Ceux qui en sont conscients, qui s'en protègent et qui fondent leurs choix sur leurs propres intérêts, leurs valeurs et leurs priorités sont plus heureux que ceux qui continuent d'errer dans le monde merveilleux où règne un choix illimité. Il est rassurant de constater qu'une éducation favorisant le développement de la pensée critique nous rend non seulement plus conscients, mais aussi plus heureux. Le choix nous appartient.

Une éducation favorisant le développement de la pensée critique nous rend non seulement plus conscients, mais aussi plus heureux.

> *« Les optimistes*
> *sourient à la vie*
> *– malgré tout… »*

OPTIMISTE
Sourire

Faites l'exercice suivant. Prenez un stylo et placez-le horizontalement entre vos dents. Essayez d'arborer un sourire aussi large que possible. Insérez ensuite le stylo horizontalement entre vos lèvres. Essayez à nouveau d'arborer un sourire aussi large que possible. Avez-vous remarqué la différence ? Laquelle de ces deux positions vous procure la sensation la plus agréable ? Probablement celle qui vous permet d'arborer le sourire le plus large. Alors, puisque vous avez le choix, souriez davantage.

Lorsque vous souriez, vous faites pénétrer un rayon de soleil en vous. Vous vous sentez plus heureux, vous attirez les autres et vous rayonnez autour de vous. *En souriant, vous pouvez même duper votre cerveau.* Faites-en l'expérience à l'aide de ce petit test : souriez tout en essayant de penser à quelque chose de négatif sans perdre le sourire. Vous y arriverez difficilement. Lorsque nous sourions, nous signalons à notre corps tout entier que nous allons bien. Quiconque sourit s'aide lui-même et aide les autres à rester positifs. Il s'agit d'un signal que nous captons à moins de dix mètres. Notre corps et notre cerveau y sont très sensibles. Et même s'il existe des différences culturelles, partout dans le monde les gens se sentent à l'aise lorsque quelqu'un leur montre légèrement les dents, que ses joues se soulèvent et que ses yeux s'illuminent. Un sourire sincère commence d'ailleurs par les yeux. Quiconque se contente de sourire avec la bouche ne réussit qu'à faire une grimace que nous percevons aussitôt comme un sourire hypocrite. Un sourire peut même changer notre voix. Nous le remarquons au téléphone, par exemple. Les vendeurs qui sourient au téléphone font de meilleures affaires. Nous percevons par conséquent non seulement les éclats de rire, mais aussi la force tranquille des sourires silencieux.

Qui peut rester insensible au sourire d'un bébé ? Habituellement, nous répondons à son sourire par un large sourire. *Un sourire nous attendrit et nous rassure.* Les enfants sourient environ 300 fois par jour, les adultes seulement une quinzaine de fois. Nous perdons visiblement l'habitude de sourire en vieillissant. Des recherches menées auprès d'aveugles de naissance nous montrent que nous n'apprenons pas à sourire uniquement en imitant les autres : en réalité, cette capacité est en grande partie innée. Même certains aveugles sourient davantage que d'autres, signe que cela a énormément à voir avec leur patrimoine génétique. Nous pouvons toutefois prendre l'initiative dans ce domaine. Non pas au moyen d'un beau sourire artificiel collé au visage comme par enchantement et que tout le monde saurait démasquer, bien que les chercheurs aient constaté qu'il est possible d'apprendre à sourire. Il suffit simplement de relever les commissures des lèvres pour faire le premier pas dans la bonne direction. L'empereur romain Maxime a résumé la chose en ces termes : « La mort nous sourit à tous. Tout ce qu'on peut faire, c'est lui sourire en retour. » Il s'agit là de l'essence même de l'optimisme face à l'inévitable.

Le pouvoir du rire

Avez-vous déjà eu l'impression de ne pas savoir si vous deviez rire ou pleurer ? Comment se fait-il que ces deux émotions apparemment contradictoires soient si près l'une de l'autre ? Dans les deux cas, rire et pleurer permettent d'éprouver un soulagement tant émotif que physique. Un nouvel employé se trouve devant la déchiqueteuse, une pile de documents sous le bras. « Comment fonctionne cet appareil ? » demande-t-il. « C'est facile », lui répond un ancien employé, qui lance tout simplement la pile de papiers à l'intérieur de l'appareil. Là-dessus, l'autre lui demande : « Et où récupère-t-on les copies ? » Cette histoire est tout aussi amusante que navrante.

Des recherches montrent que le rire a un pouvoir énorme. Il renforce le système immunitaire, diminue la sensation de faim, augmente le seuil de tolérance à la douleur, etc. *L'effet thérapeutique de l'humour est bien connu :* non seulement les Cliniclowns offrent aux enfants hospitalisés quelques moments de joie et de détente, mais ils contribuent également à leur guérison. Le rire abaisse le niveau des hormones de stress que sont le cortisol, l'adrénaline et la dopamine. Il permet d'augmenter la concentration des hormones du bien-être telles que les endorphines et autres neurotransmetteurs. Les éclats de rire (qui partent de la poitrine et se rendent jusqu'aux épaules) sont bons pour la santé. Grâce au rire, la peur, la culpabilité et le stress cèdent la place à l'espoir, à la liberté et à la détente. L'humour nous fait voir le côté désopilant des choses et nous aide à considérer les expériences de la vie comme des défis plutôt que comme des menaces. De plus, l'humour étant contagieux, il crée des liens entre nous et les autres. Les personnes qui rient font souvent rire les autres et contribuent ainsi à rendre les autres optimistes en suscitant en eux des sentiments agréables. Voici une liste de huit des bienfaits que procure le rire.

Grâce au rire, la peur cède la place à l'espoir.

❶ Votre avenir vous sourit
À partir de mesures de l'intensité des sourires apparaissant sur des photos de mariage, des chercheurs sont parvenus à déterminer quelles sont les probabilités qu'un mariage soit heureux. Se fondant sur des analyses précises générées par ordinateur, Dacher Keltner, de l'Université de Californie, a procédé, au moyen de photographies vieilles de 30 ans, à l'étude de 44 caractéristiques faciales de femmes alors âgées de 21 ans. Il a pu ainsi distinguer les « vrais sourires » des faux. Il a constaté qu'il existait des différences nettes entre les deux. Les femmes affichant un sourire sincère étaient manifestement plus heureuses et s'étaient aussi déniché plus souvent que les autres un compagnon heureux.

❷ Le rire est bon pour la santé
« Les personnes qui rient et qui sont optimistes jouissent d'une meilleure santé », explique Christopher Peterson, de l'Université du Michigan. Celui-ci étudie depuis plus de vingt ans les liens existant entre l'optimisme et la santé. « Les optimistes jouissent d'un système immunitaire plus fort, sont moins susceptibles de tomber malades, guérissent plus rapidement et vivent beaucoup plus longtemps. De nombreuses études le démontrent de façon convaincante. » Les gens qui rient ont un meilleur rythme cardiaque et ils respirent mieux.

❸ Le rire nous protège
Une personne qui rit envoie un signal indiquant qu'elle ne se sent pas menacée. La première chose que nous voyons lorsque quelqu'un entre dans une pièce, c'est son sourire (ou son absence). Quiconque sourit fait en sorte que les autres se sentent à l'aise en sa compagnie.

❹ Un ravissant sourire fait chaud au cœur

Voir des visages souriants produit le même effet stimulant que de manger du chocolat, comme l'a constaté le Dr Nigel Carter, directeur général de la Fondation britannique pour la santé dentaire.

❺ Le sourire est contagieux

Un sourire peut se transmettre de la même manière qu'un bâillement se transmet inconsciemment d'une personne à une autre. Tels des miroirs ambulants, nous reflétons le comportement des personnes qui nous entourent. Plus vous souriez, plus les autres sourient avec vous. «Un sourire produit un effet de halo, affirme le Dr David Lewis. Lorsque nous voyons quelqu'un sourire, nous pensons plus rapidement aux bonnes choses de la vie. Cela nous motive.» Par conséquent, un sourire contribue aussi à changer le monde. Joseph Addison a écrit: «Le sourire est à l'humanité ce que le soleil est aux fleurs.»

❻ Souriez et devenez riche

Un sourire est un investissement judicieux sur le plan économique. Il est l'un des rares gestes qui ne coûtent rien et qui peuvent rapporter beaucoup. Il enrichit celui qui le reçoit sans appauvrir celui qui le donne. D'ailleurs, les vendeurs et les entrepreneurs qui sourient ont toujours beaucoup plus de succès. En outre, les gens qui sourient nous semblent toujours plus beaux. Sourire constitue donc la forme la moins coûteuse de soins de beauté.

❼ Le rire chasse le stress

On le constate lorsqu'on vient de trébucher ou de commettre une grossière erreur. Il suffit de rire et la tension disparaît. Le simple fait de s'étirer le cou vers l'arrière et de soulever le menton provoque une réaction spontanée des muscles faciaux qui s'apparente à un sourire. Et cela demande considérablement moins d'efforts que de froncer les sourcils.

8 Un médicament naturel

Pas besoin de prendre des comprimés. Les personnes qui sourient augmentent aussitôt la quantité de sérotonine présente dans leur cerveau. Celle-ci joue un rôle déterminant sur notre humeur, notre sommeil, notre appétit et notre libido. Même l'analgésique naturel contenu dans l'endorphine se trouve libéré lorsque nous sourions. Le sourire a sur notre corps et notre cerveau un effet similaire à celui engendré par la marche, un massage, la méditation, la danse, le chant ou la musique. Commencez à sourire dès le matin devant votre miroir. Réussissez-vous à sourire cinquante fois par jour ? On ne peut jamais trop sourire, sauf parfois au mauvais moment.

Cultivez l'humour. Louez des films hilarants, regardez des émissions drôles, réservez une place au théâtre ou au cirque. Riez d'une blague. Pour certains, la chose est plus difficile qu'on ne le croit. Le rire étant contagieux, il améliore l'ambiance en société. Osez rire de vous-même. Si vous vous retrouvez dans une situation difficile, réfléchissez à la manière dont vous allez raconter la chose à vos amis, afin que tout le monde puisse rigoler. Nous savons maintenant que même un sourire forcé produit des effets positifs. Il suffit de relever les commissures des lèvres pour se sentir tout de suite mieux. Mais qu'en est-il d'un vrai sourire ? C'est un pur divertissement !

Est-ce vraiment amusant ?

Le sourire n'a que très peu à voir avec l'humour, fait observer Robert Provine, de l'Université du Maryland. Ce neurobiologiste et psychologue est considéré comme un expert en la matière. Ses recherches montrent qu'un sourire ne se déclenche que dans 10 à 15 pour 100 des cas à la suite d'un incident amusant. Des sourires apparaissent

> communément au cours de conversations très ordinaires. Ainsi, très souvent, une question telle que « En êtes-vous sûr ? » ou une formule comme « À la prochaine ! » entraîne un sourire. Quelqu'un qui parle sourit plus souvent que quelqu'un qui écoute, l'auditeur attendant en général très poliment que le locuteur ait terminé sa phrase avant de sourire à son tour. Selon Provine, nous sourions surtout dans le but de créer un lien social. *Lorsque nous sommes seuls, nous sourions trente fois moins qu'en société.* Souvent, nous rions d'une blague que nous ne trouvons même pas drôle. Des psychologues ont constaté, en observant des quilleurs, que ces derniers ne sourient pas au moment où ils obtiennent un abat, mais uniquement lorsqu'ils se tournent vers leurs camarades de jeu.

Une place pour le chagrin

« *Are we ready for some fun ? You and me and everyone. This is the happy, happy, happy song. We gonna sing it all night long. This is the happy, happy, happy song. So let's smile. This is the happiest song in the world...*[35] » Tel est le texte de la chanson qui prétend être « la plus réjouissante du monde ». J'ignore ce que vous ressentez en écoutant ce genre de paroles, mais moi elles me désolent. Tout comme les airs de Noël qu'on peut entendre l'hiver dans les rues commerçantes ou les tubes qu'on peut entendre l'été à la plage.

Quel que soit l'endroit dans le monde, il y a de fortes chances pour qu'un visage rond formé d'un sourire en arc de cercle et de deux points pour les yeux agrémente tout livre ou tout article traitant du bonheur. Le *smiley* est devenu le symbole universel et omniprésent du bonheur. Dans les courriels et les textos, ce genre d'émoticônes indique aux autres si nous nous sentons heureux ou non, selon que l'arc de cercle qui dessine la bouche est orienté vers le haut ou vers le bas. Il suffit d'appuyer sur une touche et le sourire se transforme en moue boudeuse. Cela peut sembler contradictoire pour un optimiste, mais je suis allergique au bonhomme sourire. Son simple trait souriant me rappelle trop le logo des marques Nike ou Danone. Un sourire fait vendre. Les publicités pour montres ne nous présentent que des montres qui, comme par hasard, indiquent toujours 10 h 10. Ainsi, la grande et la petite aiguille forment ensemble le beau sourire harmonieux qui nous séduit tant. Est-ce que nous achèterions également une montre coûteuse si ses aiguilles affichaient un air morose en indiquant 7 h 20 ? Pourtant, toutes les montres n'indiquent chaque jour que deux fois 10 h 10 pendant une minute ; le reste du temps, soit pendant 1438 minutes, elles sont moins souriantes. *À force de devoir sourire tout le temps, on finit par se sentir terriblement mal.*

Nous vivons de toute évidence à une époque où il « faut » être heureux. Tel est le fardeau qui pèse sur nous à l'heure actuelle. Quiconque n'est pas heureux n'a que lui-même à blâmer. Le chercheur néo-zélandais Grant Duncan soutient que nous aurions intérêt à abandonner l'idée de « droit au bonheur ». Tout comme notre « obligation » d'être heureux. Il plaide en faveur du « droit à la tristesse ». Son explication me plaît. Nous devons nous libérer de l'obligation sociale d'être heureux. Il est souhaitable d'être heureux, mais ce n'est pas une obligation. La mélancolie et la tristesse sont des émotions saines et normales. Bien sûr, une profonde tristesse qui se manifeste de façon permanente et sans raison valable est un signe de dépression pour laquelle il convient de demander de l'aide. Sachons toutefois reconnaître et accepter l'importance du côté créatif et sain de la tristesse ordinaire.

Il est souhaitable d'être heureux, mais ce n'est pas une obligation.

Un homme et une femme qui ont perdu leur fille dans un accident de la circulation vont tous les matins au cimetière, et ce, depuis plus de quinze ans. Je leur demande : « Quand cesserez-vous d'avoir du chagrin ? » Ils me répondent : « Le chagrin ne s'estompe jamais. » Ils me racontent qu'ils viennent parler à leur fille tous les matins, parfois longuement, parfois brièvement. Ils réservent ainsi une place à leur douleur. Puis ils referment la grille du cimetière derrière eux et continuent tout simplement à vivre. Et ils reviennent le lendemain. Sans s'en rendre compte, ils appliquent la technique psychologique dite de la « *worry goat* » (c'est-à-dire de la « chèvre qui se nourrit de tous nos problèmes »). Cela signifie que vous vous procurez une chèvre virtuelle à qui vous confiez vos soucis. Vous lui rendez visite et vous la nourrissez tous les matins ou tous les soirs en lui faisant part de vos préoccupations et de vos tourments. Puis vous refermez la barrière en lui disant : « À demain. » Après quoi, vous pouvez de nouveau faire du vélo, faire vos courses ou bavarder avec vos voisins. Vous faites de la sorte une place à vos soucis et à vos chagrins. Parfois, un seul entretien suffit. Au début d'une conversation avec un ami ou un membre de votre famille, convenez de parler pendant vingt minutes de ce qui vous tourmente. Mais après c'est fini. Vous ne pouvez pas vivre éternellement dans un monde où chaque conversation, chaque minute et chaque geste sont empreints de l'immense tristesse qui règne dans votre cœur. Faites-lui une place dans votre vie. Parlez-en. Mais ne la laissez pas envahir votre vie tout entière (ni celle des autres).

Je prends le café avec les parents d'une fille qui a été assassinée en rentrant d'une fête. Nous parlons de ce qui s'est passé et du fait que la vie ne sera plus jamais comme avant. L'indignation et la tristesse n'ont pas complètement disparu de leur existence, mais ces gens ont néanmoins réussi à transformer leur profond chagrin en énergie positive. Jusque-là, ils avaient à peine voyagé à l'étranger, mais leur fille, elle, rêvait tout haut de contribuer à l'aide au développement. Désormais, ses parents transforment ses rêves en réalité en se rendant au Kenya, où ils mettent tout en œuvre pour forer des puits dans des villages privés d'eau. À leur manière, ils ont non seulement fait une place à leur chagrin, mais ils l'ont également transformé en un énorme projet concret qui donne un sens à leur vie en plus de donner de l'espoir à des enfants qui vivent dans un monde dont ils ignoraient jusque-là l'existence. Osez être heureux. Ce n'est pas facile, mais c'est possible.

La méthode ABC pour lutter contre le malheur et l'adversité

En cas de malheur, selon que vous avez une explication optimiste ou pessimiste à ce sujet, cela fera une énorme différence dans votre vie. L'optimisme n'est pas une pilule du lendemain que l'on prend lorsqu'on est tout à coup frappé par un accident ou un malheur. C'est une attitude qu'il vaut mieux s'employer à acquérir le plus tôt possible. Il s'agit en fait d'un apprentissage qui demande du temps, de la patience et de la persévérance.

Le malheur et l'adversité peuvent être extrêmes ou quelconques. Vous pouvez perdre votre emploi, vos enfants peuvent passer la journée à se plaindre, vous ratez le train ou il pleut pendant vos vacances. Le psychologue américain Albert Ellis a élaboré la méthode ABC, qui permet de faire face à ce genre de situations.

   A. Il survient un événement fâcheux.
   B. Vous avez une croyance à ce propos.
   C. Cette croyance provoque en vous une réaction émotionnelle.

Notre réaction face à l'adversité n'est pas tant le résultat de l'événement fâcheux en soi que le résultat de nos croyances à ce propos.

Prenons un exemple simple. Une femme demande à son conjoint de faire le lit avant qu'elle soit de retour. Lorsqu'elle rentre à la maison, elle constate qu'il a oublié de le faire. Elle est persuadée que cet oubli est dû au fait qu'elle n'est pas assez importante à ses yeux. Cette pensée lui a souvent traversé l'esprit et le fait qu'il a oublié de faire le lit vient de nouveau renforcer cette certitude. Cette idée la rend triste et elle lui dit qu'il ne l'aime pas. Le reste de la soirée est gâchée. Voyons la méthode ABC à l'œuvre. A. Le fait qu'il a oublié de faire le lit constitue un événement fâcheux. B. Elle croit qu'elle n'est pas assez importante à ses yeux. C. Il en résulte qu'elle est triste et qu'elle n'apprécie plus la compagnie de son conjoint.

Il est possible de réagir très différemment en pareilles circonstances. Une autre femme aurait pu penser que son mari était trop pris par son travail ou qu'il était trop fatigué. C'est une question de croyance personnelle. Cette femme aurait alors pu demander à son conjoint comment les choses se sont déroulées à son travail, puis tous deux auraient pu faire le lit et passer une agréable soirée ensemble. La suite des événements s'en serait trouvée dès lors modifiée, pour la bonne raison qu'une croyance différente rend une autre approche possible. Comment apprend-on à aborder une situation fâcheuse de cette façon ? Prenez d'abord conscience de l'approche que vous utilisez habituellement. Amorcez ensuite une réflexion critique à ce sujet. Faites en sorte que votre façon de penser prenne une autre tournure. En d'autres termes, vous devez avoir une bonne conversation avec vous-même à ce sujet.

Faites en sorte que votre façon de penser prenne une autre tournure.

OPTIMISTE

Exercez-vous. Remémorez-vous un événement fâcheux de peu d'importance et décrivez la situation de manière très concrète.

Quelle a été votre réaction ?

....
....
....

Quelles pensées vous sont venues à l'esprit ?

....
....
....

Quelles en ont été les conséquences ?

....
....
....

La situation a-t-elle pris une tournure favorable ou vous êtes-vous retrouvé dans une impasse ?

....
....
....

Sourire

La méthode ABC vous a-t-elle été utile ?

....

....

....

La situation aurait-elle pu prendre une autre tournure ?

....

....

....

Ne vous racontez pas d'histoires. Il s'agit de votre propre dialogue intérieur. Celui-ci se déroule souvent de façon très subtile. Nous passons très souvent de l'événement fâcheux à la réaction émotionnelle sans même prendre la peine de vérifier quelle croyance se trouve entre les deux. Souvenez-vous de cinq événements fâcheux et de la façon dont vous y avez réagi. Peut-être voyez-vous un modèle de comportement se dessiner à présent. Ce ne sont pas les événements fâcheux en eux-mêmes qui suscitent en vous des émotions négatives, mais vos croyances, votre façon de voir les choses. Vous subissez l'influence d'émotions fondamentales. Vérifiez lesquelles, parmi les émotions suivantes, imprègnent habituellement vos croyances :

- La *peur*. Vous sentez-vous menacé par les événements susceptibles de survenir ? Craignez-vous que votre conjoint ne vous quitte ? Si tel est le cas, votre interprétation du fait qu'il a oublié de faire le lit sera fortement imprégnée par cette peur.

- La *timidité*. Oserez-vous enfin poser la question qui vous hante l'esprit ?
- La *colère*. Vous considérez rapidement que vos droits ont été violés ou que quelqu'un se montre peu respectueux à votre égard. Le fait d'avoir oublié de faire le lit prend des proportions scandaleuses.
- La *culpabilité*. Vous êtes prompt à croire que vous portez atteinte aux droits d'autrui. « J'aurais dû vous demander la permission. »
- La *tristesse*. Vous êtes vite blessé dans votre amour-propre. « Vous voyez bien qu'il ne m'aime pas. »

Pour être optimiste, il importe d'avoir une bonne compréhension de la manière dont nous expliquons généralement ce qui nous arrive. Déterminez exactement ce qui s'est passé (l'événement fâcheux), ce que vous avez alors pensé (votre croyance) et quelles en ont été les conséquences sur vos sentiments et vos actes (votre réaction). En effet, ce n'est que lorsque vous aurez compris de quelle manière vous interprétez les événements que vous serez en mesure de donner à vos pensées une tournure favorable.

La couleur de notre vie

Une femme portant une écharpe colorée s'adresse à moi : « J'ai assisté deux fois à une de vos conférences et je vous ai observé chaque fois. Vous parlez du bonheur, mais vous avez l'air si triste... » Je sursaute quelque peu et j'essaie de m'en tirer en disant : « La tristesse est le sourire de l'âme, madame. » Mais elle a déjà une réponse toute prête : « Vous devriez suivre un cours sur la psychologie des couleurs. La couleur de votre chemise ne convient pas à votre visage. »

Je vais finir par me retrouver dans le monde de la chiromancie et des bougies auriculaires avec cette histoire de psychologie des couleurs, j'en ai bien peur. Des entreprises telles que The Image Company ou Business Colour n'en donnent pas moins de très judicieux conseils aux gens d'affaires. Ne portez jamais un costume beige lorsque vous voulez demander une augmentation, par exemple. Il semblerait que le beige soit une couleur qui donne expressément un air effacé. Le rouge est carrément trop criard et trop agressif, mais il est tout à fait indiqué en cas de dures négociations. Le noir nous donne un air créatif, mais également distant. Les candidats à un poste de direction devraient porter de préférence des vêtements bleu foncé ou gris, deux couleurs qui sont synonymes de fiabilité et de professionnalisme. Plus un homme évite les contrastes de couleurs dans le choix de ses vêtements, plus il donne l'impression d'être quelqu'un de dominant.

Pour certains, la psychologie des couleurs n'est pas une discipline fiable, tandis que d'autres ont élaboré une thérapie susceptible d'avoir des effets bénéfiques : la chromothérapie. Son usage est d'ailleurs répandu depuis des siècles chez les Chinois, les Égyptiens et les Indiens. Des expériences montrent que les patients ayant des problèmes de santé mentale expriment une forte préférence pour certaines couleurs. Ainsi, l'agressivité est souvent liée à la couleur rouge. Les patients atteints d'Alzheimer optent généralement pour le vert. Les personnes timides ont un faible pour les tons pastel, tandis que les personnes extraverties préfèrent les couleurs vives. Mais ce qui est vrai pour l'arc-en-ciel s'applique également ici : il existe une multitude de couleurs, de nuances, de tons et de contrastes.

Il y a une différence énorme entre le symbolisme des couleurs et la psychologie des couleurs. Les symboles diffèrent d'une culture à l'autre et évoluent avec le temps. Ainsi, dans certains pays, le noir est synonyme de mort et de deuil, tandis que, dans d'autres cultures, ce rôle est dévolu au blanc. Avant même de le savoir, on se retrouve ainsi en pleine « colorologie », discipline selon laquelle les couleurs des signes solaires et des signes astrologiques exerceraient une influence sur notre comportement et notre destin. Très peu pour moi. La psychologie des couleurs part plutôt du principe qu'il existe un lien entre nos couleurs préférées et les traits de notre personnalité. Celles-ci nous disent qui nous sommes et comment nous nous sentons. *Les couleurs nous font éprouver des sentiments et suscitent en nous des émotions.* Des chercheurs spécialisés en psychologie expérimentale ont déjà réuni un large éventail de résultats fiables à ce sujet. Et ces derniers entrent souvent en contradiction avec nos hypothèses fondées sur la valeur symbolique des couleurs.

Demandez à des Occidentaux ce que symbolise la couleur rouge et 82 pour 100 d'entre eux vous répondront : « la chaleur, la passion, l'amour et le bonheur ». Le jour de la Saint-Valentin, le rouge prédomine dans les rues commerçantes. Dans la pratique, cette couleur suscite toutefois surtout de l'anxiété et des comportements négatifs, comme l'a découvert Andrew J. Elliot, de l'Université de Rochester. Il faut s'arrêter au feu rouge et il vaut mieux ne pas toucher à un bouton rouge. Un test de QI présenté dans une chemise rouge donnera de moins bons résultats que s'il est présenté dans une chemise verte ou de couleur neutre. Si des étudiants sont autorisés à choisir entre des questions « faciles » et des questions « difficiles », ceux dont le nom et le numéro d'étudiant sont imprimés en rouge sur leurs documents choisissent systématiquement les questions faciles. Les autres optent davantage pour les questions difficiles. Pour les besoins de *La petite boîte du bonheur*, j'ai regroupé sur 52 cartes pratiques 104 précieux conseils visant à rendre les gens plus heureux. Ses concepteurs ont toutefois utilisé deux couleurs pour les cartes : le rouge et le bleu. Ils les ont réparties de manière aléatoire, au hasard. Pourtant, tout le monde est d'avis que les cartes rouges contiennent les tâches difficiles et les cartes bleues, les tâches faciles…

Il semblerait que même un peu de rouge incite nos cerveaux à croire qu'il y a un risque et un danger. Ce qui affecte notre motivation. Les élèves qui doivent résoudre des problèmes rédigés à l'encre rouge obtiennent des résultats nettement moins bons que les autres. Elliot en conclut que les couleurs agissent tel un habile manipulateur en exerçant une influence considérable sur notre comportement. Ainsi, les employés trouvent des solutions plus créatives à des problèmes lorsqu'ils travaillent à un ordinateur comportant un fond d'écran bleu. Par ailleurs, les réviseurs découvrent davantage d'erreurs lorsqu'on leur soumet des textes sur fond rouge. La revue *Nature & Science* signale que les équipes de football qui arborent un maillot rouge s'en tirent généralement mieux que les autres aux Championnats d'Europe et souligne même que les athlètes qui participent aux Jeux olympiques dans une tenue rouge surclassent leurs adversaires vêtus d'un costume bleu dans quatre types différents de sports de combat.

Nous n'ignorons pas que les couleurs sont susceptibles d'exercer une influence sur l'humeur et le comportement des gens. Mais comme il s'agit là d'expériences subjectives qui diffèrent d'un individu à un autre, nous ne pouvons que nous en tenir ici à des généralités. *Quelles sont les couleurs qui, d'une façon générale, concourent le plus au bien-être, à l'optimisme et au bonheur ?* Le rouge est une couleur chaude, mais très dominante. Nous ne l'apprécions habituellement qu'à faibles doses. Le rouge brun nous détend davantage. L'orange et le jaune nous donnent envie de faire la fête, de rayonner et d'avoir le cœur léger. Ce n'est pas une coïncidence si le *smiley* est tout jaune. Mais ces couleurs finissent par agacer lorsqu'elles couvrent de grandes surfaces. Le vert est une couleur reposante qui est utilisée pour les panneaux de sécurité. Le bleu donne une impression de calme et d'indifférence ; il s'en dégage un sentiment de confiance. Mais il peut aussi engendrer une impression de rigidité et de froideur. Tout dépend du dosage, des formes, de l'éclairage, des combinaisons, etc.

Ce n'est pas une coïncidence si le smiley *est tout jaune.*

Quelles sont les couleurs les plus fréquemment associées à l'optimisme ? Le jaune et l'orange. Elles ajoutent également une touche agréable aux bouquets. Les personnes dont la couleur préférée est le jaune débordent souvent d'enthousiasme et d'énergie (même si une telle attitude peut conduire à la frivolité). *Il semble toutefois que le rouge écarlate vole la vedette.* Il s'agit d'une teinte intermédiaire entre le rouge et l'orange. En soi, le rouge est une couleur agressive et dominante. Une préférence extrême pour le rouge foncé peut en effet être associée à un immense désir de visibilité, voire à une pulsion (auto-)destructrice. Les personnes actives, fougueuses, à l'esprit combatif et extraverties sont davantage attirées par le rouge écarlate ou le rouge orangé. Il se dégage d'elles une aura de chaleur, de passion, de sensualité et d'intensité. Elles veulent aussi être vues, non pas en exerçant le pouvoir, mais en montrant la voie. Elles veulent explorer, innover, découvrir et tenter de nouvelles expériences. Au mieux, ce sont des personnes agréables, courageuses et enthousiastes. Mais lorsqu'elles exagèrent, elles deviennent trop confiantes, téméraires, désinvoltes, cinglantes et insolentes. Ceux qui ont trop peu de rouge écarlate dans le sang éprouvent quant à eux des difficultés dans leurs relations avec les autres et sont souvent indifférents et distants.

L'homme en quadrichromie

Le rouge, le bleu, le jaune et le vert. Placez ces quatre couleurs dans l'ordre de votre choix. Vous obtiendrez ainsi une version simplifiée de votre profil de couleur personnel.

Parfois, dans le cadre d'une procédure d'embauche, les candidats à un poste sont invités à se soumettre à ce genre de petit test. Qu'en concluent les chercheurs ? La première couleur que vous choisissez indique de quelle manière vous vous sentez généralement ; elle en dit long sur votre façon d'agir. Le rouge est synonyme d'initiative et de dynamisme, le bleu de sérieux et d'intelligence, le jaune de créativité, le vert de calme et de pondération. Ajoutez-y la deuxième couleur de votre choix et vous aurez une idée de ce à quoi vous aspirez. Si vous choisissez la combinaison rouge-bleu, par exemple, vous agissez le plus souvent avant même de réfléchir. La combinaison bleu-rouge indique au contraire que vous n'agissez qu'après mûre réflexion. *Confiez une tâche aux personnes qui préfèrent le jaune et celles-ci procèdent aussitôt à un grand brassage d'idées* ; les personnes qui préfèrent le vert choisissent de rester sur la touche ; les personnes qui préfèrent le bleu se lancent dans des séances de réflexions et de consultations ; les personnes qui préfèrent le rouge se mettent immédiatement à l'œuvre avec enthousiasme. La plupart des tests de couleurs s'appuient sur ces principes.

Le test des couleurs mis au point par le psychologue suisse Max Lüscher est le plus célèbre de tous et il est aussi le plus utilisé dans le monde entier. Parce que le choix d'une couleur se fait inconsciemment, ce genre de test donnerait, selon lui, un portrait plus juste d'un individu que ne le ferait un questionnaire ou un sondage. Dans ce dernier cas, en effet, les gens décrivent comment ils se perçoivent eux-mêmes ou comment ils souhaiteraient qu'on les perçoive. Lüscher a utilisé initialement huit couleurs, mais, dans son livre *Der 4-Farben-Mensch*[36], il se sert uniquement du rouge, du jaune, du bleu et du vert. À titre de comparaison, la télévision en couleurs repose sur une technologie qui fait appel à une couleur de moins.

Bien manger pour être bien dans sa peau

L'expression bien connue « L'homme est ce qu'il mange » sonne mieux en allemand qu'en français : *Der Mensch ist, was er isst*[37]. Une personne qui est mal dans sa peau n'ignore pas qu'il lui est toujours loisible de se défouler au moyen d'une tasse de café, d'un carré de chocolat, de quelques verres d'alcool ou d'un sac de chips. Le problème, c'est que tous ces produits sont mauvais pour la santé et ne procurent qu'un plaisir temporaire. En outre, on en devient vite dépendant et on doit en consommer davantage pour ressentir les mêmes effets par la suite. *Cela a pour conséquence de nous entraîner dans un véritable tourbillon d'émotions.* Nous savons tous que certains aliments influent sur notre état d'esprit. Par conséquent, lorsque nous parvenons à obtenir les effets positifs procurés par les aliments malsains en mangeant des aliments sains, nous faisons d'une pierre deux coups : le fait de manger contribue alors à notre bonheur.

De tous les neurotransmetteurs qui nous procurent un sentiment de bien-être, le plus important semble être la sérotonine. Lorsque le niveau de sérotonine présente dans notre cerveau est élevé, nous nous sentons heureux, nous dormons paisiblement, notre mémoire fonctionne bien, nous avons un bon appétit, la température de notre corps reste constante et notre tension artérielle est normale. Mais lorsque le niveau de sérotonine est faible, il en résulte de l'anxiété, de l'insomnie et une sensibilité accrue à la douleur. Une trop forte sécrétion de sérotonine provoque une sensation d'euphorie, mais si notre cerveau n'en produit pas assez, nous devenons agressifs ou dépressifs. Certains antidépresseurs interagissent avec la sérotonine de manière à rétablir l'équilibre. Pour être saine, notre alimentation doit toujours être variée et équilibrée. Personne ne deviendra plus heureux en mangeant des bananes toute la journée, même si elles sont riches en sérotonine. Mais existe-t-il un régime alimentaire qui contribue au bonheur ?

Quel que soit le moteur de recherche utilisé, il suffit de taper les mots « *happy meal* » pour se retrouver aussitôt dans le monde de McDonald's. « McWorld, un site Web pour les enfants [...], permet aux visiteurs de créer des personnages, de décorer des maisons de jardin numériques et d'effectuer une quête dans un monde virtuel[38]. » Le repas de renommée internationale appelé « *Happy Meal*[39] », composé essentiellement d'un hamburger et de frites accompagnés d'une sauce et d'une boisson, a été conçu spécifiquement pour les enfants. L'emballage et le jouet qui y est inclus sont tout aussi importants. Un tel menu fait engraisser les enfants et leur procure peut-être même quelques minutes de plaisir, mais grandissent-ils en meilleure santé et sont-ils plus heureux pour autant ? Quels sont les ingrédients d'un repas *vraiment* joyeux ?

Tandis qu'elle nous montre des visages rayonnants, la publicité nous promet de trouver le bonheur dans les stimulants contenus dans diverses boissons énergisantes et de volumineuses tablettes de chocolat. La caféine a un effet stimulant sur l'organisme, car elle bloque temporairement l'action de l'adénosine, un anesthésique naturel. *La caféine trompe même carrément notre corps.* Quiconque en abuse est plus enclin à connaître des hauts et des bas et à souffrir de maux de tête, de dépression et d'anxiété. Mais une personne qui tente de renoncer à cette habitude est susceptible d'éprouver les mêmes symptômes. Il semble que le thé vert soit encore la moins dangereuse des boissons contenant de la caféine. L'alcool inhibe le système nerveux central. Un verre d'alcool ne peut pas nuire. Mais il est rare que nous nous limitions à un seul verre, car notre corps ne cesse d'en redemander.

La nourriture que nous absorbons agit sur la chimie de notre cerveau et, par conséquent, sur ce que nous ressentons. *Notre alimentation est susceptible de faire notre bonheur ou notre malheur.* Dans ce cas, autant choisir les aliments les plus sains et qui, du coup, auront une influence déterminante sur notre bonheur futur. Voici la liste des vingt aliments les plus fréquemment cités comme ayant des effets bénéfiques sur la santé : le riz brun, les épinards, le persil, les fraises, le jus d'orange, l'ail, les graines de tournesol, les graines de sésame, le chou-fleur, les bananes, les pastèques, le céleri, les asperges, le brocoli, les moules, les sardines, les huîtres, les fruits à coques, le thon et le soja. Ils contiennent tous des éléments nutritifs qui ont des effets bénéfiques sur notre niveau d'énergie, notre mémoire et notre vie affective.

Il s'agit là d'observations générales ; ce qui est bon pour l'un ne l'est pas forcément pour l'autre. Si vous voulez améliorer votre santé mentale et que vous soupçonnez votre mode d'alimentation d'exercer une forte influence sur cette dernière, il peut être utile de tenir un journal dans lequel vous noterez ce que vous mangez et buvez, et ce que vous ressentez par la suite. Il peut également être opportun d'effectuer des changements dans vos habitudes alimentaires. Supprimez certains aliments pendant une semaine ou deux et voyez ce qui en résulte. Il est toujours bon de varier son alimentation.

Le pire assaisonnement qui soit est la faim. Sauter régulièrement un repas contribue à diminuer la quantité de sérotonine dans le cerveau. Nous sommes alors enclins à prendre de mauvaises décisions, car la sérotonine permet notamment de garder notre comportement impulsif et téméraire sous contrôle. Il vaut donc mieux prendre des décisions importantes en ayant le ventre plein plutôt que vide. Diverses études menées auprès de jeunes et de prisonniers confirment que la sérotonine joue un rôle dans l'élimination de l'agressivité et la prise de décisions plus éclairées sur le plan social. Des chercheurs tels que William Walsh ont amplement démontré que certaines thérapies nutritionnelles sophistiquées permettent, sans qu'aucune médication ne soit nécessaire, de traiter efficacement la délinquance et les troubles du comportement.

Le pire assaisonnement qui soit est la faim.

Il ne faudrait pas oublier non plus que le fait de se nourrir comporte un aspect social important. Manger procure franchement du plaisir. Nous aimons savourer un bon repas, surtout en bonne compagnie. Cuisiner pour les autres et cuisiner et manger à plusieurs sont des activités qui contribuent à rendre la vie plus agréable. Avec ou sans sérotonine. Le fait de prendre notre temps pour manger nous rend plus heureux que la publicité pour les établissements de restauration rapide voudrait nous le faire croire. Par ailleurs, la lumière du soleil contribue également à augmenter le niveau de sérotonine dans le cerveau. Voilà pourquoi nous nous sentons parfois deux fois mieux lorsque nous prenons part à un pique-nique, à un dîner à l'extérieur ou à un barbecue…

Le prix d'un « bonjour »

Tout en me promenant à travers la ville, je compte le nombre de fois où les gens me répondent lorsque je leur souhaite le bonjour. Trois fois en une demi-heure. Je finis par me laisser choir sur un banc. Deux touristes originaires d'Amérique du Sud sont assis à côté de moi. Ils me disent immédiatement bonjour. Je leur raconte ma petite expérience, en précisant à quel point les Flamands[40] se saluent très peu. Les Sud-Américains confirment cette observation, et il s'ensuit une conversation cordiale. Nous prenons congé après nous être longuement salués.

Depuis plusieurs années, nous organisons en Flandre la « Semaine du bonjour ». Tout simplement parce que nous sommes convaincus que, parfois, le bonheur est fait de petits riens. Le moins que l'on puisse faire en tant qu'êtres humains, c'est de se faire mutuellement signe lorsqu'on se croise. À cet égard, les pays voisins font mieux que nous en tout cas. Dans certaines régions, les voisins et les collègues de travail s'embrassent même tous les matins. Quiconque bosse dans une grande boîte sait à quel point il est exceptionnel que quelqu'un se donne la peine de hocher la tête en signe de salutation dans un couloir ou un ascenseur. Dire bonjour à quelqu'un constitue pourtant un moyen simple de créer un climat de sécurité, de confiance et de reconnaissance mutuelle. Voilà ce sur quoi nous voulions attirer l'attention avec la Semaine du bonjour. Pour la première édition, nous avions réussi à nous faire parrainer à hauteur de 25 000 euros. Comme nous ne pouvions pas nous payer le luxe d'une campagne promotionnelle coûteuse, nous avons cherché à obtenir de la publicité gratuite. Nous comptions tout bonnement donner cet argent au premier passant qui dirait bonjour à un membre anonyme de notre jury, et ce, à un moment et à un endroit choisis au hasard. Conformément à notre souhait, nous avons reçu gratuitement la visite de tous les journaux et même de chaînes d'information internationales. Nous espérions aussi secrètement que notre projet soulèverait la controverse et que chroniqueurs, blogueurs et autres commentateurs trouveraient honteux le fait qu'il « faille offrir de l'argent de nos jours pour que quelqu'un vous dise bonjour ». C'est exactement ce qui est arrivé. Extraordinaire!

Une autre année, nous avons envoyé des juges dans chaque province. Chaque jour, ils distribuaient 100 billets de 50 euros aux personnes qui les saluaient. Les stations de télévision régionales ont suivi l'action de près. Notre principale constatation ? Pas une seule journée les juges n'ont réussi à se départir de tout leur argent. Au mieux, entre 30 et 40 personnes leur disaient bonjour. Il nous restait de l'argent à la fin de chaque journée...

L'an dernier, Wendy S. a été surprise de recevoir un chèque de 500 euros alors qu'elle traversait la place du marché de son village. Un juge un peu dégingandé qui rôdait par là à cette occasion lui avait fait un signe de tête et elle lui avait gentiment dit bonjour. Nous nous tenions là depuis plus de vingt minutes, caméra cachée en attente. Wendy a raconté par la suite en souriant aux médias qu'elle dit toujours bonjour aux gens. Tout le monde était content. Jusqu'au jour où nous avons reçu, trois semaines plus tard, un courriel agressif de la part de Wendy. Elle n'avait toujours pas touché son argent et elle était particulièrement mécontente à ce sujet. Elle se doutait bien que nous étions une organisation malhonnête et elle n'hésiterait pas à alerter la presse afin de mettre la population en garde contre des escrocs dans notre genre. Je me suis assis et j'ai poussé un profond soupir. L'appât du gain ne fait pas ressortir ce qu'il y a de meilleur dans la nature humaine. Les choses vont toujours trop lentement au goût des gens. Quelques semaines plus tard, j'ai appris au Népal la signification du mot « Namasté », qui est la formule de salutation employée là-bas au quotidien : « Je m'incline devant le dieu qui est en vous. » Contrairement au superficiel « bonjour » ou « salut » que vous dites tous les jours à tous ceux que vous rencontrez, namasté veut dire : « Je vous vois. En vous résident une force et des capacités extraordinaires (un dieu) devant lesquelles je m'incline. » Là-bas, personne ne reçoit 500 euros pour faire cette salutation. Mais je suis persuadé qu'on y construit une société bien différente. Namasté.

Namasté.
Je m'incline devant le dieu qui est en vous.

---

*« Les optimistes
se fixent
des objectifs à atteindre. »*

OPTIMIS**T**E
*ravail*

Il est certes agréable de donner un coup de pied dans un ballon ou de tirer à l'arc, mais l'euphorie ne s'empare vraiment de nous que lorsque le ballon pénètre dans le but et que la flèche atteint sa cible. Se fixer un objectif et l'atteindre, voilà ce qui rend heureux. La société Target, la deuxième chaîne de magasins en importance aux États-Unis, séduit chaque année des millions de clients grâce à son logo en forme de cible. Les deux cercles concentriques rouges de la marque ont pour effet d'attirer l'attention. Un objectif représente un défi à relever. Il nous pousse à agir et nous aide à grandir. Dale Carnegie a écrit en 1936 un des tout premiers ouvrages (qui est toujours un succès) de développement personnel. *« La personne qui se prépare à aller nulle part y parvient généralement »*, selon lui.

Se fixer des objectifs équivaut à faire des choix. On ne peut pas emprunter et suivre tous les itinéraires possibles. Les objectifs permettent d'orienter nos actions. Mais ils ont beau être importants, la plupart des gens n'y réfléchissent pas vraiment. Il est en effet très rare qu'ils aient des objectifs précis et il est encore plus inhabituel qu'ils les notent par écrit. Même si tous les livres de développement personnel nous le conseillent explicitement. Par conséquent, nous errons sans but sur les chemins de nos vies. Souvent nous suivons tout simplement les autres et nous acceptons tout ce que les planificateurs d'itinéraires, les analystes de tendances, les spécialistes du marketing et les médias nous proposent. *Nous imitons les autres, y compris lorsqu'ils mènent une existence futile.* Les personnes qui ont des objectifs clairs et précis prennent leur vie en main et agissent avec davantage d'assurance. Elles cessent de se laisser vivre et se mettent à vivre pleinement. C'est un choix que les optimistes prennent le temps de faire.

Il est possible de formuler des objectifs concernant nos relations, notre santé, notre travail, nos loisirs et le sens à donner à notre vie. Il s'agit chaque fois d'établir des priorités et de choisir l'orientation qui nous convient le mieux : obtenir un diplôme, perdre du poids, doubler le nombre de visiteurs de notre site Internet, trouver la paix intérieure, faire un voyage, avoir des enfants, courir le marathon, etc. Le psychologue Abraham Maslow a admirablement réussi à classer selon un ordre hiérarchique, à l'intérieur de sa célèbre pyramide, les principaux besoins de l'être humain. Au sommet se trouve le besoin de réalisation de soi, c'est-à-dire de *devenir ce que nous avons le potentiel de devenir.* Pour y arriver, nous devons toutefois nous connaître nous-mêmes, découvrir quels sont nos rêves, nous fixer des objectifs et passer à l'action.

Comment passer du stade du rêve au stade de l'objectif

Dessinez un cercle et un nuage sur une feuille. Écrivez dans le cercle dix mots qui caractérisent votre vie actuelle. Notez ensuite dans le nuage dix mots qui décrivent la vie de vos rêves. Attardez-vous un moment sur le fruit de vos réflexions. Quelles sont les différences les plus frappantes entre le cercle représentant votre vie actuelle et le nuage où sont inscrits vos rêves ? À présent, dessinez cinq flèches allant du cercle au nuage et associez à chaque flèche un verbe d'action qui vous permettra de passer du cercle au nuage. Supposons que vous avez écrit dans le cercle les mots « gros » et « travail monotone », et dans le nuage, « mince » et « travail agréable », puis, à côté des flèches, « maigrir » et « chercher un nouvel emploi ». Vous venez ainsi d'indiquer clairement quelle est la différence entre un objectif et un rêve. *Un objectif est un rêve qui se réalise à travers l'action.* À partir de maintenant, vous avez la possibilité de transformer le nuage en cercle : vos rêves deviendront réalité si vous agissez en conséquence. Les personnes qui réussissent et qui sont heureuses se fixent des objectifs précis et elles s'efforcent de les atteindre étape par étape. Il se peut toutefois qu'il n'y ait pas d'énormes différences entre votre cercle et votre nuage. Il en est ainsi pour la plupart des gens. Par exemple, vous pourriez écrire dans le nuage contenant vos rêves que vous désirez gagner beaucoup d'argent et mener une vie familiale agréable, et noter dans votre cercle que c'est déjà le cas. Tant mieux ! Dans une telle situation, votre objectif pourrait être de préserver vos acquis, d'améliorer votre sort, d'élargir vos horizons, d'approfondir vos compétences ou de prendre davantage conscience de ce que vous vivez.

Tout le monde souhaite améliorer certains aspects de sa vie, ou du moins préserver ses acquis. Toutefois, comme le bonheur ne tombe pas du ciel, nous devons prendre les mesures appropriées pour y arriver. C'est une première étape. Beaucoup de gens souffrent couramment de procrastination en ce qui concerne leurs priorités. *Entre-temps, il survient toujours quelque chose qui semble urgent mais qui, en réalité, est sans importance.* Le fait d'adjoindre un verbe inapproprié à la flèche orientée vers vos rêves constitue un deuxième écueil. Une personne qui souhaite que les autres lui témoignent davantage d'estime pourrait penser qu'il lui suffit pour cela d'acheter une plus grosse voiture. Une autre qui veut perdre du poids pourrait être amenée à croire qu'il lui suffit pour cela de se masser le ventre avec une pommade miracle. Par conséquent, choisissez l'action la mieux adaptée à chacun de vos objectifs. Le fait de ne pas avoir d'objectifs concrets constitue un troisième écueil. Les objectifs de la plupart des gens correspondent simplement à de vagues désirs. Nos objectifs importants semblent inaccessibles jusqu'au jour où nous les décomposons en sous-objectifs plus petits. Si vous aspirez à avoir de meilleures relations avec vos enfants, faites en sorte de jouer au football avec eux tous les samedis après-midi, par exemple. La réalisation de ce type d'objectifs nous rend progressivement plus heureux. Cela nous laisse sur une impression agréable, parce que nos succès, petits et grands, nous montrent que nous avons notre vie bien en main.

> *Les objectifs de la plupart des gens correspondent simplement à de vagues désirs.*

Certains étudiants choisissent une orientation simplement parce que leurs camarades ont choisi cette voie. Certaines personnes prennent pour conjoint quelqu'un que leurs parents jugent convenable ou vont en voyage aux mêmes endroits que leurs collègues. Nous n'ignorons pas comment les choses peuvent mal tourner en pareil cas, car il est rare que nous parvenions à faire naître en nous la passion nécessaire à la réalisation d'un objectif qui n'est pas le nôtre. Les gens heureux choisissent des objectifs adaptés à leurs désirs, et non pas des objectifs qui leur sont proposés ou imposés de l'extérieur. Pour en arriver là, vous devez vous connaître vous-même et savoir quels sont vos souhaits, vos rêves et vos désirs. Vous pouvez toujours demander conseil à des amis et à des experts, mais, en fin de compte, c'est de votre vie qu'il s'agit. La réalisation de vos objectifs ne devrait donc pas dépendre du choix, du travail ou de la bonne volonté des autres.

Vos expériences dépendent de l'orientation que vous prenez. C'est pourquoi il est si important de vous fixer des objectifs personnels qui vous conviennent. Assurez-vous que vos objectifs sont compatibles entre eux, qu'ils n'entrent pas en conflit les uns avec les autres et qu'ils rejoignent éventuellement les objectifs de vos amis, de votre famille et de vos collègues. Il est en effet impossible de vivre et de travailler aux côtés de gens qui souhaitent constamment prendre une autre direction que nous.

Des objectifs en or

Que souhaiteriez-vous améliorer dans votre vie? Essayez d'imaginer votre avenir, de visualiser votre but final. Vous créerez ainsi en vous un désir intense de voir cet objectif se concrétiser. Ce n'est pas ce que nous savons mais ce qui nous touche personnellement qui nous incite à passer à l'action. Prenez un stylo et une feuille de papier et mettez vos objectifs par écrit. *Formulez-les de manière positive.* Décomposez les objectifs importants en sous-objectifs. Identifiez les éléments indispensables à la réalisation de vos objectifs. Avez-vous besoin de matériel supplémentaire ou vous faut-il de l'aide? Informez-vous immédiatement à ce sujet. Cherchez à savoir qui est susceptible de vous épauler (et faites appel à ses services) et qui ou ce qui pourrait saboter vos plans (évitez les ennuis). La route du «plus tard» conduit au pays du «jamais». Commencez donc sans tarder. Peut-être en prenant ce simple engagement envers vous-même: «À partir d'aujourd'hui, je travaille à mon projet pendant quinze minutes par jour.» Pas plus, pas moins. Vous lui consacrerez davantage de temps au fur et à mesure que votre désir et votre passion iront en

> grandissant. Ne perdez pas confiance en vous-même en cours de route. Vous avez la capacité de réussir. Engagez-vous à surmonter vos doutes, à vaincre toute résistance et à ne jamais abandonner. Chacun de vos objectifs doit être concret et précis, ainsi que réaliste et réalisable. Il convient généralement que le résultat soit mesurable, mais le plus important est qu'il soit perceptible. Par vous et par les autres.

Ailleurs que là où l'on se trouve

J'atterris à Katmandou, capitale du Népal. Je n'aurais jamais pensé que je me retrouverais un jour au pied de l'Himalaya. La région a de quoi frapper mon imagination. M'y voilà enfin. Je suis venu participer à un congrès sur le renforcement positif et l'investigation appréciative[41] (IA). Le ciel bleu, les montagnes, la ville en contre-bas : en regardant par le hublot, je prends conscience de la chance que j'ai.

Soudain, mon genou heurte la pochette de rangement du siège avant. J'y trouve une brochure de la Jet Wings, la compagnie aérienne avec laquelle nous voyageons jusqu'à Katmandou. Que peut-il bien y avoir sur la page couverture de la brochure de la société qui nous transporte au paradis ? Je sursaute. Un paysage vallonné et verdoyant se découpe sous le titre suivant : « *Come to the Alps, the best of Switzerland*[42] ». Je suis stupéfait. J'ai survolé la Suisse en provenance de l'Europe et me voilà à l'autre bout du monde, prêt à goûter l'Himalaya, et le premier conseil que je reçois est : « Allez dans les Alpes ! » Ce genre de brochures a de quoi vous rendre dingue. Le bonheur est toujours ailleurs que là où l'on se trouve.

Dans le taxi qui me ramène de l'aéroport, le chauffeur me demande cordialement d'où je viens. « De Belgique ? dit-il. Est-ce que ce n'est pas près des Pays-Bas ? » Je suis agréablement surpris par ses connaissances géographiques et je lui demande comment il se fait qu'il puisse situer ces deux pays aussi bien. «Je suis allé aux Pays-Bas, me répond-il. J'y ai fait du vélo de montagne.» Je sursaute encore une fois. Du vélo de montagne? Cet homme vit au pied des plus hautes montagnes du monde et quelqu'un lui a appris, pour une raison ou pour une autre, à faire du VTT aux Pays-Bas. Il n'y a pourtant pas de montagne là-bas. Le bonheur est décidément ailleurs que là où l'on se trouve.

On nous sollicite en permanence pour que nous passions au «niveau supérieur». Sans arrêt nous achetons des magazines traitant de décoration intérieure, de voitures, d'informatique, de voyages et de jardinage. Et continuellement on y fait étalage d'intérieurs beaucoup plus élégants que le nôtre, de voitures plus performantes que la nôtre, d'ordinateurs plus puissants que le nôtre, de voyages plus exceptionnels que ceux que nous avons effectués et de jardins à côté desquels le nôtre fait pitié. Journaux et magazines nous poussent à aller dans cette direction, car telle est leur philosophie. *Loin de nous tendre un miroir, ils nous montrent plutôt tout ce que nous ne possédons pas encore et qui est susceptible de nous faire rêver.* Et à peine nous sommes-nous procuré un produit dernier cri que la toute dernière nouveauté figure déjà sur leur prochaine page couverture. Comme pour les jeux d'ordinateur, il y a sans cesse un nouveau niveau qui nous attend. Ça n'en finit jamais. Les lofts inabordables, les chalets confortables, les récifs dangereux, les superordinateurs et les produits *high-tech* qui sont tout simplement hors de notre portée ont comme conséquence de nous rendre profondément malheureux.

On nous sollicite en permanence pour que nous passions au « niveau supérieur ».

Les filles qui figurent sur les couvertures des magazines populaires ne sont pas réelles. Leurs photos ont toutes été retouchées. Ces filles n'existent pas. Les publications qui avaient mis des lectrices sur leur couverture ont toutes vu leurs ventes diminuer. Dorénavant, les lectrices se retrouvent à l'intérieur des magazines. Après avoir subi un *relooking*. Le message ainsi véhiculé : « Vous avez mauvaise mine ? Pas de problème, nous allons améliorer votre apparence et vous serez alors parfaite pour notre magazine ! » Vous vous retrouvez soudain avec les cheveux teints, des lunettes bleues, du maquillage, du fard à joues et de faux bijoux. Un spécialiste vous dit que vous avez l'air superbe. Splendide ! Vous venez de monter d'un niveau. Mais vous êtes très loin de la réalité. Il se dépense dans le monde entier cinq fois plus d'argent dans la recherche sur l'agrandissement du pénis et l'augmentation du volume des seins que dans la recherche sur la maladie d'Alzheimer. Visiblement, nous jugeons qu'il est plus important d'avoir des organes sexuels volumineux que de nous rappeler à quoi ils peuvent bien servir en vieillissant.

Je bénéficie d'une chambre d'hôte située au bord d'un lac dans le Morvan, en France. À la tombée de la nuit, je discute avec le patron sous les lilas en fleur. Il doit sûrement s'agir d'un homme heureux. Je le croyais, mais… Il rêve d'une maison d'hôte située au bord d'un lac au Brésil. Au Maroc, je m'entretiens avec un Berbère sous un ciel étoilé. Je loge dans son humble demeure avec vue imprenable sur les montagnes. Il ne s'est jamais aventuré plus loin qu'il est possible d'aller à pied à partir de son village. Calme et majesté règnent dans cette région. Je lui demande : « Y a-t-il quelque chose dont vous rêvez ? » Il me regarde et me répond : « J'aimerais bien aller faire du ski dans les Alpes un jour. » Je hoche la tête en signe d'incrédulité. Encore une fois, le bonheur est ailleurs que là où l'on se trouve.

Petite conversation avec soi-même

Nous sommes en permanence en conversation avec nous-mêmes. Nos antécédents, nos expériences, notre éducation et notre entourage jouent un rôle majeur à cet égard. Les optimistes entretiennent pour l'essentiel une conversation fructueuse avec eux-mêmes. Et que font les pessimistes? Cinq choses immédiatement reconnaissables et auxquelles il est possible de mettre un terme.

1. **Ils mettent l'accent sur les aspects négatifs.** Vous avez cuisiné trois plats savoureux. Seul le dessert était quelque peu décevant. Pourtant, les esprits pessimistes seront incapables de se sortir cette pensée de la tête.
2. **Ils filtrent l'information.** Malgré neuf commentaires favorables et un avis défavorable, c'est pourtant ce dernier qui retient toute leur attention.
3. **Ils en font une affaire personnelle.** Il y a quelque chose qui cloche? Ils se sentent aussitôt interpellés, responsables et coupables.
4. **Ils sont «catastrophés» par tout ce qui arrive.** Ils imaginent tout de suite le pire. Leur patron les fait venir à son bureau? Assurément pour leur annoncer qu'ils sont congédiés!
5. **Ils vivent dans un univers bipolaire.** Il n'y a pas de juste milieu pour eux. Tout est bon ou mauvais, noir ou blanc. Ils se doivent d'être parfaits, faute de quoi ils estiment n'être que des ratés finis.

Travailler consciencieusement

Une femme me raconte qu'elle n'est jamais allée aux toilettes dans la banque où elle travaille. «Je m'interdis d'y penser, fait-elle. Si vous voyiez les autres commencer à commérer aussitôt que quelqu'un a le dos tourné! Je ne quitte pas ma chaise. De cette façon, je ne leur donne pas l'occasion de le faire avec moi.» Comment est-il possible qu'elle veuille continuer de travailler à cet endroit? S'y sent-elle heureuse? Elle n'avait apparemment pas encore réfléchi sérieusement à la question. Changer d'emploi ne semblait pas constituer une solution pour elle: «Il y aura des déceptions partout, non?»

Jessica Pryce-Jones procède depuis de nombreuses années à des recherches sur le bonheur au travail; elle a écrit à ce sujet le livre à succès fort bien nommé *Happiness at work*, publié en 2010. Que recommanderait-elle à cette employée de banque? «Si vous n'avez pas la possibilité de changer la situation, quittez votre emploi. *On paie un prix élevé pour un faible niveau de bien-être au travail.*» Ses recherches montrent clairement qu'il existe un lien entre le fait de se sentir bien au travail et le rendement qu'on y fournit. Les gens qui sont heureux dans leur travail ont un meilleur salaire, augmentent leurs chances d'obtenir une promotion, obtiennent de meilleurs résultats et sont plus productifs. Cela est avantageux aussi bien pour l'employé que pour l'employeur. Les dirigeants d'entreprises qui contribuent à accroître le bonheur de leurs employés voient le rendement de ces derniers augmenter de 10 pour 100. Pour obtenir le même résultat, une autre compagnie de 500 employés devrait donc embaucher 50 personnes supplémentaires. Les employés les plus heureux sont 47 pour 100 plus productifs que les plus malheureux, prennent trois fois moins de congés de maladie et occupent leur poste deux fois plus longtemps. Il se commet moins d'erreurs, on établit un meilleur contact avec les clients et ces derniers reviennent plus souvent dans les entreprises où les employés sont heureux. Il est donc judicieux d'investir dans le bonheur au travail.

Jessica Pryce-Jones note que les employés les plus heureux font preuve d'un engagement deux fois plus grand et font état d'un sentiment de confiance en eux-mêmes plus élevé de 50 pour 100. Ceux-ci ont pu vérifier que les cinq C suivants constituent des facteurs déterminants dans l'amélioration de la satisfaction au travail :

❶ *Contribution*. Est-ce que ma contribution est utile ? Quels sont les efforts auxquels je consens, comment perçois-je ces efforts et comment les autres les perçoivent-ils ?

❷ *Conviction*. Avec quel degré de conviction est-ce que j'accomplis mon travail ? Où est-ce que je puise ma motivation au travail, à la fois dans les bons comme dans les mauvais moments ?

❸ *Culture*. La culture générale de cette entreprise me convient-elle ? Est-ce que je me reconnais en elle et que puis-je lui apporter ?

❹ *Collaboration*. Jusqu'où mon dévouement et mon engagement doivent-ils aller ?

❺ *Confiance*. Est-ce que j'ai confiance en cette organisation et celle-ci a-t-elle confiance en moi ? Quels risques suis-je prêt et disposé à prendre ?

Attribuez-vous une note de 1 à 10 pour chacun de ces domaines. Votre note globale est-elle inférieure à 30 ? Identifiez-en la cause principale et voyez ce que vous pouvez éventuellement faire (seul ou avec d'autres) pour changer la situation. Même si tout se passe bien à votre travail, vous pourriez vouloir plus de satisfaction (pour vous-même et les autres) dans un ou plusieurs de ces domaines.

Pour Jessica Pryce-Jones, le bonheur au travail résulte d'un état d'esprit, d'une façon optimiste de considérer les événements de la journée. Nous passons en moyenne 90 000 heures de notre vie à travailler. Ce qui est suffisamment important pour que nous nous assurions d'avoir une qualité de vie professionnelle satisfaisante, en prenant notamment conscience du fait que notre tâche comporte des hauts et des bas, de même que des avantages et des inconvénients. Votre bien-être constitue un élément de force important qu'il convient de protéger et d'entretenir. Cela permet non seulement à vous-même, mais aussi à votre entreprise d'en bénéficier. Vous encouragez à votre tour les autres en leur donnant l'occasion d'utiliser et de développer leurs compétences. L'impact sur votre sentiment de bonheur général est loin d'être négligeable. Quand on se sent bien au travail, on est aussi beaucoup plus heureux en dehors du travail. La principale compétence qui nous rend heureux au travail ? Sentir que nous sommes quelqu'un qui sait écouter et que l'on écoute : c'est une question de savoir entendre et de se faire entendre. Être reconnu, respirer la confiance et être fier de son travail constituent trois piliers importants. Il s'ensuit que l'argent ne joue qu'un rôle secondaire. Du moins sur le lieu de travail lui-même. Il ne commence à compter qu'en dehors du travail, là où, après tout, nous dépensons notre argent et décidons comment nous l'utilisons. Apparaissent alors la concurrence et le besoin d'établir des comparaisons. Ce qui nous rend rarement heureux.

> *C'est une question de savoir entendre et de se faire entendre.*

Le stress

Quiconque veut atteindre des objectifs concrets connaît des moments de tension. Que ce soit lors de l'ouverture officielle d'un magasin, lors de l'arrivée des invités à une fête ou au moment de passer un examen, nous sommes inévitablement stressés. Nous sommes encore en train de faire ce qui aurait très bien pu être fait la veille. Le stress nous empêche toutefois de profiter de l'instant présent ou d'aboutir à de bons résultats. À ce moment-là, il ne faut surtout pas demander à quelqu'un comment il se porte. Est-il possible de procéder différemment ? À force d'observer ses étudiants, Robert Biswas-Diener a fini par trouver une réponse. Certaines personnes réussissent en effet à rester calmes et à se détendre en s'amusant en pareilles circonstances. Cela leur procure beaucoup de plaisir, en plus de leur permettre d'obtenir de meilleurs résultats. La différence ne se situe pas seulement au niveau de la préparation. *La plupart des gens sont adéquatement préparés, mais ils n'en sont pas conscients et ils ne veulent surtout pas se l'avouer à eux-mêmes.* Il leur faut vite fait changer une plante de place, balayer la poussière une dernière fois ou encore passer leurs notes en revue. L'astuce consiste à admettre qu'on est adéquatement préparé et à se donner la permission de se détendre, d'en profiter et d'aller de l'avant. Le contraire d'être tendu, de se plaindre, de gémir et d'être mécontent consiste surtout à avoir suffisamment confiance en soi pour faire les choses calmement, se préparer minutieusement et oser se l'avouer quand tout va bien.

•••

Que désirez-vous acheter ?

Les gens semblent heureux lorsqu'ils achètent des biens matériels. Depuis qu'ils vouent un culte à la consommation, ils ne se contentent plus de satisfaire leurs besoins élémentaires (nourriture, boissons, vêtements, etc.). Le magasinage est devenu une « expérience » en soi.

Mais si vous prenez le temps d'observer les personnes qui font leurs courses, vous verrez rarement une expression de joie sur leurs visages. Nous ramenons à la maison des sacs remplis de choses insensées, toujours en quantité plus grande que nécessaire et, bien souvent, que ce que nous avions prévu. Dans le cadre d'une expérience tentée dans une parfumerie, on a simplement placé, à côté d'un flacon de parfum, un écriteau portant la mention suivante : « Pas plus de deux articles par client. » Les ventes ont aussitôt grimpé de façon significative. Ce type d'information grossière excite notre cupidité et nous incite immédiatement à acheter deux flacons, alors que sans ce renseignement cette idée ne nous aurait même pas traversé l'esprit. Nous nous laissons systématiquement duper lors de dégustations de vins. Versez le même vin dans deux verres. Affirmez que le premier contient un vin cher et le second, un vin bon marché. Nous allons toujours trouver que le premier vin est plus délicieux et nous serons même disposés à débourser davantage pour l'acquérir. *Nous voulons être trompés* et pourtant nous aimons nous prendre pour des experts lorsqu'il s'agit d'acheter des produits allant des vins aux ordinateurs et des appareils photo aux VTT.

Certaines entreprises se spécialisent dans la diffusion d'odeurs discrètes dans le voisinage immédiat de certains produits. L'effet sur les ventes est considérable. Les odeurs parcourent en effet le chemin le plus rapide jusqu'à nos cerveaux ; elles exercent une influence considérable sur la manière dont nous nous sentons. Subtil parfum de chocolat dans les magasins de lingerie, douce senteur de citron près des machines à laver, odeur quasi imperceptible de pain frais près des machines à pain… tous contribuent à augmenter les ventes de ces produits. La désillusion survient au moment où nous rentrons chez nous avec un de ces articles. L'impression agréable ressentie lors de l'achat disparaît rapidement par suite des désagréments engendrés par le déballage et l'installation.

La plupart des psychologues qui étudient ce phénomène estiment que l'effet produit par un nouvel achat dure à peine six à huit semaines. Après quoi, nous finissons par nous habituer à notre nouvel ordinateur, à notre nouvel appareil ménager ou à nos nouveaux meubles de jardin. *L'achat de biens matériels contribue à nous procurer de brefs moments de bonheur.* C'est ce que constate d'ailleurs Ryan Howell, de l'Université d'État de San Francisco, à la suite de ses recherches sur l'impact émotionnel produit par ce que nous achetons. Si vous avez économisé un peu d'argent, vous pouvez le dépenser soit en achetant quelque chose de conventionnel, soit en vivant une expérience différente, conformément à la formule *Thinking inside the box or outside of the box*[43] ? Si vous avez eu l'occasion d'observer de jeunes enfants au moment où ils reçoivent un jouet en cadeau, vous connaissez déjà la réponse : ils ont souvent plus de plaisir avec l'emballage qu'avec l'objet lui-même. Le jouet ne leur réserve aucune surprise et ils s'en lassent rapidement. La grande boîte leur offre en revanche d'infinies possibilités créatives. Elle leur permet d'expérimenter. Le message de Howell est très clair à ce propos : les expériences vécues rendent les gens nettement plus heureux que la possession de biens matériels. La joie initiale que procure l'achat d'une nouvelle voiture s'envole rapidement, car nous finissons très vite par nous y habituer. Les expériences agréables restent au contraire beaucoup plus longtemps vivaces dans notre esprit et nous procurent ainsi davantage de bonheur, un bonheur plus profond à long terme. Aller à un concert nous rend plus heureux que d'acheter un CD. Le souvenir d'un tour en montgolfière dure plus longtemps qu'un sèche-linge. Une visite au musée rend plus heureux qu'un tableau accroché au mur. Vous ferez davantage plaisir à vos enfants en allant faire du camping avec eux qu'en leur achetant une tente. Bien que vous ayez besoin de l'une pour pouvoir faire l'autre. En fin de compte, ce n'est pas l'objet en lui-même, mais l'expérience qu'il nous permet de connaître qui nous rend le plus heureux.

> *Les expériences vécues rendent les gens nettement plus heureux que la possession de biens matériels.*

Ce qui a le plus surpris Howell, c'est le fait que les réactions des membres de notre entourage sont totalement différentes selon que nous dépensons notre argent pour nous acheter des choses ou pour vivre des expériences. Les expériences que nous faisons contribuent également à accroître le bonheur des autres. Ce n'est généralement pas le cas des objets que nous acquérons. Cela tient au fait que nous avons l'habitude de partager nos expériences avec les autres. Nous allons ensemble au parc d'attractions, au cinéma ou au restaurant, alors que nous fournissons rarement des informations aux autres concernant l'influence positive que nos achats exercent sur nous-mêmes. Et c'est précisément là où réside le bonheur : dans le partage d'expériences agréables avec les autres. En outre, de telles expériences contribuent à accroître notre énergie parce que nous sentons que nous vivons plus intensément dans ces moments-là. Le fait d'assister à un spectacle de cirque ou de prendre part à une excursion en bateau ensemble nous procure une sensation plus intense qu'un nouveau veston ou une nouvelle cravate. De nombreux cours et autres formations populaires entrent dans cette catégorie. Nous suivons massivement des cours du soir spécialisés en soudure, en peinture sur soie, en gravure, en techniques de massage et en poterie. Nous tentons ainsi de nouvelles expériences et entrons par la même occasion en contact avec d'autres personnes. Tout le monde reconnaît que de telles expériences ont bien plus de valeur que n'importe quel bien matériel.

Les commerçants n'allaient pas laisser passer l'occasion. C'est ainsi que nous participons désormais au succès des chèques-cadeaux permettant de vivre une expérience unique, qui va du dîner romantique au week-end dans un château, en passant par le rafting et le saut à l'élastique. On nous les présente dans une jolie boîte et nous pouvons même faire notre choix en feuilletant un catalogue pendant que nous rêvons de vivre une éventuelle expérience. Nous apaisons de la sorte notre conscience. Nous n'allons quand même pas apporter encore une fois une bouteille de vin ou un bouquet de fleurs! Alors, pourquoi ne pas offrir une nouvelle expérience? Malheureusement, nous avons trop peu de temps pour penser à autre chose ou pour faire une activité ensemble. Avec ce chèque-cadeau, notre réputation est sauvée : « Oui, nous sommes créatifs et originaux, et oui, nous vous offrons une expérience plutôt qu'un objet. » Un chèque-cadeau sur sept ne sera toutefois jamais utilisé. Ceux-ci occasionnent souvent chez leur destinataire le stress de devoir satisfaire à temps à toutes les conditions requises. Les sites Internet débordent de plaintes relatives à ce type d'expériences. « Nous nous attendions à passer un week-end dans un château, mais nous avons finalement dû dormir dans une aile où il n'y avait rien de prévu pour les enfants. » « Nous avons eu droit à un délicieux repas, mais on a servi des sandwiches aux clients assis à l'autre table et le vin était trop cher. » Les gens ressentent souvent ce genre d'expérience comme une obligation et ils émettent des critiques concernant des choses qu'autrement ils auraient considérées comme normales. *À cheval donné on regarde désormais attentivement la bride.* Les organisations d'aide au développement sacrifient également à cette mode en proposant des chèques-cadeaux qui permettent d'offrir à des personnes vivant dans des pays lointains soit une chèvre, un vélo ou un brasero. Nous ne recevons pas nous-mêmes le cadeau (« Nous avons déjà tout cela ! »), mais nous pouvons l'offrir directement à quelqu'un. Cela permet au donateur, au bénéficiaire et au tiers destinataire de se sentir bien. Des photos de la chèvre ainsi offerte bien en vue sur notre bureau, voilà qui produit un effet durable. D'autres préfèrent adopter un pingouin ou une espèce de tigre en voie de disparition. C'est surtout le sentiment qu'on éprouve qui compte.

Anniversaires, naissances, mariages, etc. Pour chaque occasion spéciale, des listes remplies d'objets prévisibles nous attendent dans les magasins spécialisés. Depuis les tapis molletonnés jusqu'aux ronds de serviette. Bien souvent, nous n'avons pas besoin de tous ces accessoires qui ne nous rendront pas plus heureux, pas plus en les donnant qu'en les recevant. Les enfants ont beau feuilleter les catalogues de jouets et cocher ceux qu'ils désirent, en tête de liste de leurs souhaits figure simplement leur vœu que maman et papa passent plus de temps avec eux. Ils trouvent plus agréable d'aller faire une promenade dans la nature ou de construire un radeau ensemble que de piloter une voiture télécommandée ou de jouer à un jeu vidéo. Même s'ils ne l'avouent pas ouvertement. Vous leur ferez (et vous vous ferez !) davantage plaisir en allant courir avec eux pieds nus dans la rosée du matin qu'en allant leur acheter une nouvelle paire de chaussures. Lorsqu'on fait le choix d'être vrai, on sait aussi se laisser guider par les bonnes priorités au moment d'entrer dans un magasin ou de parcourir un catalogue, même si la séduction qu'exercent inconsciemment sur nous les mots, les odeurs, les couleurs et les illusions n'est jamais très loin.

Un groupe d'adultes handicapés mentaux s'est penché pendant une semaine sur le thème du bonheur et sur *Le grand livre du bonheur*. En compagnie de leurs accompagnateurs et d'un metteur en scène professionnel, ils ont élaboré et réalisé une petite production théâtrale à partir de leurs réflexions. Une salle remplie à craquer de parents et d'amis se laisse émouvoir par ce qu'ils dépeignent. La joie que ces individus éprouvent sur scène rejaillit sur les spectateurs. Les thèmes centraux qui revêtent une importance particulière à leurs yeux semblent tourner autour des relations. Qui est mon ami ? Jusqu'à quel point sommes-nous proches l'un de l'autre ? Qu'est-ce qui nous éloigne l'un de l'autre ? Ils s'approchent avec des cadeaux. À elles seules les boîtes colorées racontent une histoire. Ils veulent faire comprendre par là que le plaisir ne réside pas dans le fait de recevoir mais de donner. En même temps, ils montrent qu'en raison de leur prétendue dépendance ils sont souvent condamnés à attirer l'attention et à recevoir des cadeaux, alors qu'ils sont plus heureux lorsqu'ils peuvent en donner. Sauf qu'ils n'en ont pas toujours la chance. À leur manière, ils en arrivent sans dire un mot à la conclusion que la clé du bonheur réside dans le partage du bonheur.

Le pays de l'égoïsme

Je préside parfois un comité de sélection et il est remarquable de voir que de plus en plus de jeunes à la fin de la vingtaine et au début de la trentaine ont déjà compris bien des choses. Ils sont en effet prêts à gagner moins et à renoncer à leur voiture louée en échange d'un emploi intéressant. « Ils sont si jeunes, fais-je remarquer. Autrefois, les gens ne faisaient souvent preuve d'une telle sagesse qu'après avoir traversé la crise de la quarantaine. »

Les chiffres ne mentent pas. Le revenu réel des Américains a augmenté de 16 pour 100 au cours des trente dernières années. Or, le pourcentage d'Américains qui se considèrent comme « très heureux » a diminué de 13 pour 100 au cours de cette même période. Nous en venons progressivement à admettre que le fait d'avoir plus d'argent ne rend pas plus heureux. « L'économie des pays occidentaux passe rapidement d'une économie fondée sur l'argent à une économie fondée sur la satisfaction », affirme Martin Seligman. Il note que les gens ne veulent plus simplement gagner davantage d'argent. Ils veulent surtout éprouver une plus grande satisfaction au travail. Ce mouvement est déjà en marche en Europe. Si nous voulons être heureux et nous sentir bien dans notre peau, il nous faut bien comprendre que le travail joue un rôle important à cet égard. Celui-ci ne sert plus seulement à gagner de l'argent pour pouvoir nous procurer des biens matériels ou partir en vacances. Il est en lui-même un outil destiné à nous permettre de mener une vie plus heureuse. Les jeunes demandeurs d'emploi semblent en être davantage conscients que les membres plus âgés du comité de sélection devant lequel ils comparaissent.

La différence entre les rêves des Américains et ceux des Européens est manifeste lorsqu'on compare les pays de rêve qu'ils se sont respectivement construits dans les années 1950 et 1960 : les Américains ont créé Disneyland, les Danois, Legoland. Les Danois se classent au sommet de l'échelle mondiale du bonheur ; leur score est de 10 pour 100 supérieur à celui des Américains. Disneyland a été construit autour de Mickey Mouse, dont j'ignore quelles sont les autres réalisations. On ne voit jamais la princesse Blanche-Neige – tirée tout droit d'un conte de fées européen – travailler aux côtés des sept nains. Trois fois par jour, elle est réduite au rôle d'une espèce de star hollywoodienne hissée sur un char allégorique. À regarder seulement. En revanche, Lego fabrique des jeux de construction inventifs. Tout en s'amusant, les enfants construisent sans arrêt de nouveaux objets. « La seule limite est votre imagination ! » clame l'un des slogans de cette société. Selon Wikipedia, il est possible de créer plus de dix millions de combinaisons avec les cinq briques Lego d'origine. Jouer avec des Lego aide les enfants à développer leurs talents et leur créativité. Jouer, construire, créer, inventer, faire. Voilà qui ressemble drôlement à une définition de ce qu'est un « travail » agréable. Dis-moi à quoi tu rêves et à quoi tu joues et je te dirai qui tu es. « À quoi rêvez-vous ? » demande un membre du comité de sélection. Le candidat interrogé demeure silencieux.

Legoland n'a rien à voir avec Disneyland.

Seligman a mené une étude visant à découvrir en quoi chaque métier peut devenir une vocation. Un physicien qui fait son boulot juste pour de l'argent est moins heureux dans son travail que l'éboueur qui conçoit son boulot comme un moyen de contribuer à la propreté et à la salubrité du monde. Les coiffeurs heureux mettent l'accent sur l'aspect intime et relationnel de leur travail. Un cuisinier heureux se considère comme un artiste qui pratique l'art culinaire avec brio. Les infirmières malheureuses courent après le temps et les aiguilles. Les infirmières heureuses prennent plaisir à dispenser des soins aux patients.

Après toute une série d'entretiens d'embauche, nous nous sommes mis d'accord, au sein du comité de sélection, sur le fait qu'il était plus sage de ne pas chercher uniquement à trouver une adéquation parfaite avec la description du poste. Les candidats qui ont envie du poste et qui pourront lui donner un sens seront plus heureux dans leur travail ; du coup, c'est toute l'organisation qui en bénéficiera. En fin de compte, nous avons opté pour quelqu'un qui est davantage à sa place à Legoland qu'à Egoland[44]. Je serais curieux de savoir ce qu'il y fabrique.

*« De l'urgence
d'être optimiste. »*

OPTIMIST**E**
Engagement

C'est maintenant ou jamais

En terminant, j'aimerais insister sur le fait qu'il y a urgence d'agir. C'est maintenant ou jamais.

Imaginons que vous avez le pouvoir d'esquisser l'avenir, le vôtre et celui du reste du monde. Prenez une feuille de papier blanc et allez-y. Dépeignez éventuellement un monde où tous vos rêves sont devenus réalité et où l'optimisme a triomphé du pessimisme.

Sur la planète à l'heure actuelle, nous passons tous ensemble près de six milliards d'heures à jouer à des jeux en ligne. Il y a plus de 500 millions de joueurs de par le monde. Les non-joueurs considèrent souvent qu'il s'agit là d'un passe-temps inutile. Mais est-ce vraiment le cas ? Avant d'avoir atteint l'âge de 21 ans, une foule de jeunes auront passé plus de dix mille heures dans le monde virtuel que les fabricants de jeux vidéo construisent pour eux. L'incidence de ces jeux sur leur vie quotidienne est souvent plus grande que celle de l'école. Au total, les joueurs ont consacré jusqu'à présent plus de six millions d'années (plus que la durée de l'évolution humaine!) rien qu'au jeu *World of Warcraft*, un monde virtuel peuplé de nains, de gnomes, d'êtres humains et d'elfes de la nuit dans lequel ils peuvent créer leur propre personnage, se promener librement et se développer. Ils ont souvent d'énormes efforts à faire pour sauver le monde et se sauver eux-mêmes. *Ils le font d'une manière inventive et créative, poussés par un optimisme né de l'urgence d'agir.* Ceux qui ne croient pas en leur propre force ne devraient même pas commencer à y jouer, ou alors ils abandonneront rapidement. Jane McConigal poursuit des recherches intensives à ce sujet et voit là une formidable occasion de faire de ces joueurs, dans la vie réelle, les innovateurs sociaux qu'ils sont virtuellement. Cette génération compte des millions de « superindividus autonomes porteurs d'espoir » qui ont la capacité d'agir. Dans le cadre de ces jeux, ils réussissent à vaincre des menaces et à surmonter des obstacles qui défient l'imagination, armés chaque fois d'une inébranlable confiance quant à leurs chances de succès. Ils passent à un niveau supérieur à chaque nouvelle étape. Ils adoptent une nouvelle identité et se laissent entraîner par la grande aventure. S'ils mettaient leur dynamisme, leur énergie et leur créativité extraordinaires à contribution non seulement dans le monde virtuel mais aussi dans le monde réel, notre société ferait rapidement des bonds de géant. *Nous le pourrions, mais nous ne le faisons pas.* L'exemple de ces joueurs nous montre surtout que nous disposons d'un potentiel impressionnant.

Mais il y a urgence. Nous ne pouvons plus nous permettre d'attendre. Non pas parce que la peur est tellement grande mais parce que l'espoir est très grand. Être optimiste ne consiste pas à répéter sans cesse : « Pas de problème, gardez le sourire », mais à affirmer plutôt : « *Il y a un problème, gardez le sourire.* » Il se passe des choses graves dans la société. Nous ne devons pas nous voiler la face à ce sujet ; nous devons même nous en inquiéter (« il y a un problème »). Mais nous devons en même temps admettre que nous ne pourrons agir efficacement que si nous sommes optimistes, heureux, enthousiastes et forts, comme l'indique le message « gardez le sourire ».

Tout le monde souffre de procrastination. *Nous préférons voter pour des politiciens qui promettent le changement plutôt que d'effectuer nous-mêmes ledit changement.* Nous comptons bénéficier des avantages qu'apportera le changement promis, sans trop avoir à faire d'efforts pour cela. Et si les politiciens en question ne tiennent pas leurs promesses, nous pourrons toujours leur demander des comptes. Il en va tout autrement pour les processus de changement nous touchant directement. Nous voyons les avantages que nous pouvons en tirer, mais chaque changement demande des efforts et rencontre une résistance de notre part et de la part des autres. En conséquence, nous remettons les choses à plus tard. C'est ce qui se passe notamment lorsque nous cédons en permanence aux modes éphémères ou lorsque nous nous lançons dans des activités secondaires qui ne débouchent pratiquement sur rien de concret ou qui nous font perdre notre temps à des futilités. La mauvaise nouvelle ? Le temps file. La bonne nouvelle : c'est vous qui êtes aux commandes. Il n'y a plus de « Si seulement j'avais… » ou de « Si seulement j'étais… » qui tiennent. Acceptez le fait que vous êtes là où vous en êtes, choisissez la direction que vous voulez prendre, puis osez vous dire que l'heure n'est plus aux tergiversations. Vous possédez les compétences nécessaires pour planifier votre vie, organiser votre travail, mettre de l'ordre dans vos idées et entreprendre des actions qui vont vous permettre d'atteindre vos objectifs.

La mauvaise nouvelle ? Le temps file. La bonne nouvelle : c'est vous qui êtes aux commandes.

Recovery starts with discovery[45]. *Avant de comprendre, il faut savoir observer.* Si vous regardez bien autour de vous et si vous adoptez une attitude d'étonnement au lieu de vous laisser guider par la colère, vous découvrirez de belles occasions de changer et d'assumer de nouvelles responsabilités. Par bonheur, vous n'êtes pas seul. Discutez avec votre famille, vos amis, vos voisins et vos collègues de travail. Vous seriez surpris de voir combien de potentiel reste inutilisé lorsqu'on aborde toujours les mêmes sujets familiers ou qu'on se contente de bavarder inutilement. Nous pouvons faire mieux. Une bonne façon de commencer consiste à se regarder dans le miroir. Sauf que vous n'aurez pas d'image globale de vous-même de cette façon. Notre reflet dans le miroir est toujours en deux dimensions. Seules nos conversations et nos interactions avec les autres nous permettent d'obtenir une image en trois dimensions, en donnant de la profondeur et de la perspective à l'image de ce que nous sommes et de ce que nous pouvons devenir.

Cela vaut pour toute forme de gestion du changement : il convient de déterminer d'abord la direction à suivre. Quelle orientation voulez-vous prendre ? Supposons que vous vouliez adopter une attitude optimiste. Vous avez alors la possibilité de choisir entre deux approches différentes : *l'une fondée sur la conception et l'autre fondée sur le développement.* L'approche fondée sur la conception comporte des directives et des instructions, des plans d'action et des procédures, des listes de contrôle et des cases à cocher, en plus de comprendre une évaluation et une vérification à chaque étape du processus. L'approche fondée sur le développement favorise la croissance personnelle, l'esprit d'initiative, l'esprit de décision et la créativité de tous les participants. Au cœur de cette approche se trouvent la confiance, l'oxygène qui permet à tous de respirer, la liberté et le sens des responsabilités. Ce livre ne propose pas de conception toute prête. Il privilégie la deuxième approche, qui repose sur les principes suivants : perspective et orientation, inspiration et développement. À vous de jouer à présent. Bon succès !

Notes

Introduction

1. Traduction libre : « C'est maintenant ou jamais. Il y a un problème, gardez le sourire. » Bien qu'étant de langue maternelle néerlandaise, l'auteur ne se gêne pas pour émailler son texte de phrases et d'expressions en langue anglaise, comme le lecteur le constatera plus loin. (*N.D.T.*)
2. Paru aux Éditions de l'Homme. (*N.D.T.*)
3. Également paru aux Éditions de l'Homme. (*N.D.T.*)

Ouverture

4. Traduction libre : « La persévérance finit toujours par porter fruit. » (*N.D.T.*)
5. Traduction de « *21 manieren om gelukkig te worden* », émission diffusée le 1er novembre 2010 aux Pays-Bas. (*N.D.T.*)
6. Traduction libre : « Comment devenir optimiste ». (*N.D.T.*)
7. Traduction libre : « Comment devenir riche ». (*N.D.T.*)
8. Mot à mot : « autre, partiellement, temporaire ». (*N.D.T.*)
9. Mot à mot : « personnel, tout, stratégique ». (*N.D.T.*)
10. Traduction libre de « *skilled optimism* ». (*N.D.T.*)
11. Célèbre lieu de pèlerinage situé en Espagne. (Source : http://fr.wikipedia.org/wiki/Saint-Jacques-de-Compostelle.) (*N.D.T.*)
12. Correspond à l'adage français suivant : « On n'a rien sans peine. » (*N.D.T.*)
13. Traduction libre : *Les bienfaits des pensées négatives*. (*N.D.T.*)
14. Traduction de *Boulevard of Broken Dreams*, expression qui fait notamment référence au Sunset Boulevard, célèbre artère de Los Angeles qui longe Beverly Hills et Hollywood, ainsi qu'à de nombreuses chansons qui ont porté ce titre au fil des décennies. Il s'agit également du titre donné à une biographie

du célèbre acteur James Dean, décédé tragiquement à l'âge de 24 ans. (Source : http://en.wikipedia.org/wiki/Boulevard_of_Broken_Dreams.) (*N.D.T.*)

Positivisme

15. Traduction libre : « énergies positives ». (*N.D.T.*)
16. Traduction libre : « En achetant une bouteille de Coca-Cola, vous ouvrez du bonheur ! » (*N.D.T.*)
17. Traduction libre de ces deux slogans : « Pensez positivement » et « Étanchez votre soif de façon positive ». (*N.D.T.*)
18. Variété de pinson originaire d'Australie. (*N.D.T.*)
19. Pour plus d'informations à ce sujet, consulter le site suivant (en anglais) : http://en.wikipedia.org/wiki/Finagle's_law. (*N.D.T.*)
20. Traduction libre : *Entorse à la loi de Murphy : Comment les optimistes parviennent à obtenir tout ce qu'ils désirent – et comment les pessimistes peuvent en faire autant.* (*N.D.T.*)
21. Pour plus d'informations à ce sujet, consulter le site suivant : http://fr.wikipedia.org/wiki/Methode_des_six_chapeaux. (*N.D.T.*)
22. À ne pas confondre avec les traditionnelles cartes de vœux de fin d'année qui connaissent un grand succès ailleurs dans le monde. (*N.D.T.*)
23. Traduction libre : Base de données mondiale sur le bonheur. *(N.D.T.)*
24. « PISA est une enquête menée tous les trois ans auprès de jeunes de 15 ans dans les 34 pays membres de l'OCDE et dans de nombreux pays partenaires. Elle évalue l'acquisition de savoirs et savoir-faire essentiels à la vie quotidienne au terme de la scolarité obligatoire. » (Source : http://www.oecd.org/pisa/pisaenfranais.htm.) (*N.D.T.*)

Transformation

25. Pour en savoir plus à son sujet, voir : http://www.fedweb.belgium.be/fr/binaries/Actu%20Key%20Note%20speaker%2025%20juni%20FR_tcm119-59878.pdf. (*N.D.T.*)
26. Il s'agit d'un programme destiné aux jeunes en difficulté et visant à prévenir la criminalité, qui œuvre aux États-Unis et ailleurs dans le monde. (*N.D.T.*)

Interaction

27. Pour plus de détails à ce sujet, voir le lien suivant (en anglais) : http://en.wikipedia.org/wiki/Knapp's_Relational_Development_Model. (*N.D.T.*)

Motivation

28. Pour plus de détails à ce sujet, voir le lien suivant : http://owb.optimistan.org. (*N.D.T.*)
29. Pour plus de détails à ce sujet, voir le lien suivant : http://www.iplf.com/feed-back-game.php. (*N.D.T.*)
30. Le flux – *flow* en anglais – est l'état mental atteint par une personne lorsqu'elle est complètement immergée dans ce qu'elle fait. (Source : www.fr.wikipedia.org/wiki/Flow_(psychologie).) (*N.D.T.*)
31. Mot à mot : « Profiter ». Dans le contexte, on pourrait rendre ce titre par « *Jouissance* » ou « *Plaisir* ». Il s'agit d'un mensuel belge (édité en langue flamande) consacré aux vacances et aux loisirs. (*N.D.T.*)
32. Traduction libre de l'expression *Slow food is good food*. (*N.D.T.*)
33. Service de transport en commun propre à la Belgique et qui fonctionne sur simple appel téléphonique. (*N.D.T.*)

Inspiration

34. Traduction libre : « Optimistes du monde », « Pensée positive », « Jeunes optimistes enthousiastes ». (*N.D.T.*)

Sourire

35. Traduction libre : « Sommes-nous prêts à faire la fête ? Vous, moi, tout le monde. C'est la chanson du bonheur, du bonheur, du bonheur. On va la chanter toute la nuit. C'est la chanson du bonheur, du bonheur, du bonheur. Allons, sourions. C'est la chanson la plus réjouissante du monde... » (*N.D.T.*)
36. Traduction libre (à partir de l'allemand) : « Les 4 couleurs de la personnalité ». Divers sites Internet proposent des tests de personnalité basés sur les couleurs. (Source : http://fr.wikipedia.org/wiki/Max_Lüscher.) (*N.D.T.*)

37. Jeu de mots entre *ist* (du verbe *sein* – « être » –, conjugué à la 3ᵉ personne du singulier de l'indicatif présent) et *isst* (du verbe *essen* – « manger » –, aussi conjugué à la 3ᵉ personne du singulier de l'indicatif présent). (*N.D.T.*)
38. Le texte d'origine se lit comme suit : « *McWorld is the free virtual world for kids. It's a kid's world where kids rule. Play games, create your avatar, go on quests, earn smarts…* » (Source : http://www.gpcservices.com/actualites/index.php?start_from=30&ucat=&archive=&subaction=&id=&.) (*N.D.T.*)
39. « Joyeux festin » au Québec. (*N.D.T.*)
40. N'oublions pas que l'auteur est flamand. (*N.D.T.*)

Travail

41. De l'anglais *appreciative inquiry*. (Source : http://www.ifai-appreciativeinquiry.com/ et http://en.wikipedia.org/wiki/Appreciative_inquiry.) (*N.D.T.*)
42. Traduction libre : « Venez voir le meilleur de la Suisse : les Alpes ». (*N.D.T.*)
43. Traduction littérale : « Penser à l'intérieur de la boîte ou en dehors de la boîte ? » (Voir : http://fr.wikipedia.org/wiki/Thinking_outside_the_box.) (*N.D.T.*)
44. Mot à mot : « Le pays de l'égoïsme ». (*N.D.T.*)

Engagement

45. Traduction libre : « Le rétablissement commence par la recherche. » (*N.D.T.*)

Table des matières

INTRODUCTION
Neuf caractéristiques essentielles 9
L'aventure de la vie 12

**OUVERTURE : « Les optimistes sont des personnes
à l'esprit ouvert. »** 17
Combien de personnes heureuses connaissez-vous ? 18
Suis-je quelqu'un d'optimiste ? 22
Être optimiste, c'est quelque chose qui s'apprend. 28
La psychologie positive 31
Et pourquoi devrais-je être optimiste ? 32
Excès d'optimisme. 35
Pessimisme salutaire 36
Ce qui se passe dans notre cerveau 39
Des vacances de rêve 40

**POSITIVISME : « Les optimistes mobilisent
leurs énergies positives. »** 43
Énergie naturelle. 44
Le nouvel air du temps 47
Entorse à la loi de Murphy 49
Le chapeau jaune 53
Savoir dire merci. 54
Savoir pardonner 57

Les optimistes jouissent d'une meilleure santé 59
La recette du bonheur. 60
Osez déguster une glace 62

TRANSFORMATION : « Les optimistes opèrent des changements en eux-mêmes. » 65

Par où commencer ? 67
Essayez ceci pour voir 71
Vos premiers pas sur le chemin qui mène au bonheur. 72
Que faire lorsqu'on se trompe ? 76
Les mots sont comme des boomerangs 79
Bouton rouge et bouton vert. 84
Fluctuations du niveau de bonheur 86

INTERACTION : « Les optimistes entretiennent des rapports étroits avec les autres. » 89

L'importance du réseau social 91
Les cinq étapes d'une relation 93
Pour un dialogue fructueux 99
Pour une relation constructive 101
Conseil de famille 104
Comment contribuer à l'éducation de nos enfants 106
Libre ou enraciné ? 108

MOTIVATION : « Les optimistes donnent un sens à leur vie. » 111

Êtes-vous courageux ?. 112
Quelle force se dissimule en vous ? 114
Je le mérite 118
Le besoin de se rattacher à des valeurs. 119
Une « belle mort » 123
Le pouvoir de la nature. 126

Sachez profiter de la vie 129
Les cinq caractéristiques permettant de reconnaître
   les personnes optimistes 132
Un pays riche 132
Libres mais solidement enracinés. 135

INSPIRATION : « Les optimistes sont une source d'inspiration pour les autres. » 139

Influencer à la manière d'un aimant 140
Le type 7 147
Lorsque tout le réseau sourit 148
La magie de l'enthousiasme 149
Pour une culture scolaire positive. 152
Bonnes nouvelles 155
Le choix nous appartient 159

SOURIRE : « Les optimistes sourient à la vie - malgré tout… ». 163

Le pouvoir du rire. 165
Est-ce vraiment amusant ? 168
Une place pour le chagrin. 169
La méthode ABC pour lutter contre le malheur et l'adversité . 172
La couleur de notre vie. 176
L'homme en quadrichromie 180
Bien manger pour être bien dans sa peau. 182
Le prix d'un « bonjour » 185

TRAVAIL : « Les optimistes se fixent des objectifs à atteindre. » 189

Comment passer du stade du rêve au stade de l'objectif 190
Des objectifs en or 193
Ailleurs que là où l'on se trouve 194

Petite conversation avec soi-même 197
Travailler consciencieusement 198
Le stress 200
Que désirez-vous acheter ? 201
Le pays de l'égoïsme 207

ENGAGEMENT : « De l'urgence d'être optimiste. » 211
C'est maintenant ou jamais 211

NOTES 215

Autres ouvrages du même auteur

100 % positivo. Het geheim van optimisme

Happiness : Le grand livre du bonheur (paru aux Éditions de l'Homme)

Happiness : La petite boîte du bonheur (paru aux Éditions de l'Homme)

Vous trouverez plus de détails sur le site www.theworldbookofhappiness.com (en anglais et en néerlandais).

L'optimisme est un virus positif. Engagez-vous et contribuez à le répandre dans le monde entier à l'aide des sites www.leobormans.be/blog/francais/ (en français) et www.actionforhappiness.org (en anglais).

Suivez-nous sur le Web

Consultez nos sites Internet et inscrivez-vous à l'infolettre pour rester informé en tout temps de nos publications et de nos concours en ligne. Et croisez aussi vos auteurs préférés et notre équipe sur nos blogues !

EDITIONS-HOMME.COM
EDITIONS-JOUR.COM
EDITIONS-PETITHOMME.COM
EDITIONS-LAGRIFFE.COM

Québec, Canada

Achevé d'imprimer au Canada
sur papier Enviro 100% recyclé